비트겐슈타인 입문

Introduction à Wittgenstein

비트겐슈타인 입문

롤라 유네스 지음

이영철 옮김

 21세기문화원

일러두기

1. 이 책은 롤라 유네스Rola Younes의 *Introduction à Wittgenstein* (Éditions La Découverte, Paris, 2016)을 번역한 것이다.
2. 맞춤법과 표기법은 국립국어원의 어문 규범에 따랐다. 다만 외국어 표기가 원음과 멀어진 경우에는 예외로 했다.
3. 독자의 이해를 돕고 흥미를 더할 수 있게 본문에 관련 사진을 넣었다.
4. 주는 (저자주)와 (옮긴이주)로 표시하고, 원문에서 강조된 말은 고딕체를 사용하여 구분할 수 있도록 했다.

차 례

옮긴이의 말

루트비히 비트겐슈타인은 1889년 합스부르크 제국의 수도 빈에서 태어나 영국 케임브리지 대학의 교수를 역임하고 1951년에 사망한 오스트리아-영국의 철학자이다. 오늘날 그의 영향은 학계를 넘어 대중문화에까지 미치고 있지만, 거의 모방 불가능한 그의 사상의 독특한 매력과 함께 거의 상충하는 다양한 해석까지 낳을 수 있는 그의 사상의 난해성으로 인해 그의 철학에 대한 입문서를 쓰는 일은 그만큼 쉽지가 않다고 할 수 있다.

물론 비트겐슈타인에 대한 그 나름의 좋은 입문서들이 없다고는 할 수 없다. 그러나 가장 올바른 입문서라거나 가장 좋은 입문서라고 할 수 있는 것은 없다고 할 수 있을 것이다. 각기 다른 개성과 장단점을 지닌 입문서들이 있을 뿐이다. 이런 상황에서 이 책은 매력 있지만 어렵고 수수께끼 같다고 알려진 그의 사상에 대한 또 하나의 좋은 안내를 제공한다고 보인다.

저자는 비트겐슈타인 해석을 둘러싼 논쟁에서 특별히 어느 편을 들지 않고, "비트겐슈타인의 진의를 파악했다는 확신이 없으면, 정확히 비트겐슈타인의 문자에 머무르기로 했다"고 말한다. 이러한 자신의 방식을 저자는 "비트겐슈타인에 대한 비트겐슈타인식의 입문"(또는 "비트겐슈타인을 따르는 비트겐슈타인 입문")이라고 부르고 있거니와, 이 책의 한 특징은 가급적 비트겐슈타인 자신의 말을 인용하면서 비트겐슈타인을 소개하고 있다는 점이다. 이는 자신의 생각이 늘 오해받고 있다고 여겼던 비트겐슈타인의 느낌에 대한 저자의 고려와 함께, 어떤 것도 한 철학자의 글을 스스로 직접 대하는 것을 대체할 수는 없다는 저자의 신념에 따른 것이라고 할 수 있다.

그러나 다소 정도의 차이는 있지만, 이 특징은 비트겐슈타인을 소개하는 많은 문헌이 공유하는 특징이기도 하다. 이는 그의 사상이 거의 대체 불가능한 수준으로 압축된 간명한 문체로 표현되어 있고, 따라서 많은 대목에서 그의 표현을 그대로 인용하는 방식으로가 아니면 오히려 정확히 전달되기 힘들다는 점을 반영하는 것이라고 할 수 있을 것이다. 옮긴이가 보기에 이 입문서의 또 다른 특징이자 진정한 장점이라고 할 수 있는 것은, 이 책은 비트겐슈타인 사상의 다양한 측면을 그 주요

한 점에서 다루고 있다는 점이다. 비트겐슈타인의 사상은 여러 중요한 측면이 있는데도, 그동안 그의 사상에 대한 입문은 주로 그의 전기와 후기의 논리-언어 철학 중심으로 이루어져 왔다고 할 수 있다. 이 부분은 물론 중요하게 다루어져야 하지만, 그러나 이 책에서 저자는 이 부분뿐 아니라 그의 윤리-미학적 관점과 종교관, 수학과 과학 및 문화에 대한 그의 태도, 그의 자연사적-인류학적 접근 방식 및 그와 정신분석과의 관계, 그리고 그의 말기의 인식론적 사유 등 오늘날 비트겐슈타인의 사상을 이해하는 데 빠트려서는 안 될 부분들의 요점을 요령 있게 소개하고 있다. 아울러 저자는 전기적 관점에서 그의 삶에 대해서 처음 한 장을 할애하여 설명하고 있으며, 이하의 장 여러 곳에서는 그의 철학적 삶에서 이런저런 이유로 의미가 있다고 할 수 있는 몇몇 인물들과의 관계나 흥미로운 일화들에 대해서도 별도의 글 상자를 마련하여 소개하고 있다.

이 책의 특징으로 한 가지 덧붙이자면, 프랑스어로 쓰인 이 책은 프랑스어권에서의 비트겐슈타인 연구 동향과 수준을 엿볼 수 있게 해 주는 점이 있는바, 이 점 역시 우리에게 의의를 지닌다고 언급할 수 있을 것이다. 그동안 비트겐슈타인에 대한 국내의 소개와 연구가 주로 영미와 독일 쪽의 문헌에 의존하고 있었던 만큼, 이 책은 우리의 이해 범위를 넓히는 데 도움을 줄 수 있을 것이다.

입문서로서 이 책은 비트겐슈타인의 철학에서 다루어져야 할 여러 측면을 짧은 분량에 비교적 잘 다루고 있다고 보이지만, 아마도 그 때문에 간혹 설명이 충분하지 않거나 정확하지 않아 보이는 점들도 있다. 저자는 미진한 점을 독자가 스스로 풀 수 있게 관련 참고문헌들을 언급해 두고는 있지만, 독자들이 실제로 그 문헌들을 찾아보기는 현실적으로 어려움이 없지 않을 것이므로 아쉬움은 남는다. 이는 입문서로서 어쩔 수 없는 한계라고 할 수도 있을 것이다. 다만, 옮긴이는 몇몇 중요한 대목의 부정확하거나 불충분하게 여겨지는 설명에 대해서는 아쉬운 대로 주를 달아 바로잡거나 보완했다. (옮긴이의 주 중에는 그 밖에 단순히 독자의 이해를 돕기 위해 덧붙인 것들도 있다.) 그러나 물론 여기에는 번역자로서 너무 나설 수 없는 한계가 존재한다. 독자 제현의 이해를 바랄 뿐이다.

그밖에 이 책의 번역과 관련된 사항들은 다음과 같다:

1. 가독성을 높이기 위해, 원문의 너무 긴 단락들 중 내용상으로 단락을 더 나눌 수도 있는 것들은 옮긴이가 임의로 나누었다.

2. 같은 이유로, 저자가 본문 글과 연결해 사용한 인용문들 중에서 독립시킬 수 있는 것들은 가급적 독립된 인용문으로 처리하였다.

3. 비트겐슈타인의 글들을 포함해, 저자가 프랑스어 번역물로 인용한 독일어나 영어 원문의 문헌들은 가능한 한 저자의 인용문이 아니라 해당 원문으로부터 번역했다. 다만 그중 이미 우리말 번역이 있는 경우는 기본적으로 그 번역을 활용했다.

4. 비트겐슈타인의 글들에 대한 약호 표기도 저자의 방식, 즉 프랑스어 번역물의 제목 첫 글자들을 따 모은 방식의 표기가 아니라, 국내의 독자에게 그동안 익숙해진 방식, 즉 비트겐슈타인 원저작의 제목 첫 글자들을 따 모으는 방식의 표기로 대체했다. (다만 끝의 참고문헌에서는 원래의 프랑스식 약호들을 이 번역이 대체한 약호들 다음에 병기해 두었다.)

끝으로, 이 번역의 초고를 같이 읽고 더 나은 번역이 될 수 있게 여러 가지 문제를 지적하고 대안이 될 수 있는 의견들을 제시해 준 제자들에게 고마움을 전한다. 만일 이 번역에 여전히 어떤 잘못이 있다면, 그것은 전적으로 이 옮긴이의 책임이다.

2024년 3월
금정산 자락에서
옮긴이

루트비히 비트겐슈타인(1889~1951)

서론: 비트겐슈타인에 대한
비트겐슈타인식의 입문을 위하여

> 나 자신에게 귀를 기울이는 대신, 나는 마
> 음속에서 이미 후세가 나에 관해 말하는
> 것을 듣는다. (*DB*, p. 64)[1]

비트겐슈타인(1889~1951)은 철학상으로 분류할 수 없는 저자이다. 분석철학의 관점에서 그는 매우 "신비적"이고 매우 독단적이다. 대륙 철학의 눈에는, 모든 "깊이의 철학"에 대한 그의 망설임과 논리와 수학 같은 어떤 주제들에 대한 그의 관심은 그를 똑같이 수상쩍어 보이게 한다. 그의 죽음 이후 60년 이상,

---

1 (저자주) 괄호 속의 참고 표시는 이 책 끝에 있는 참고문헌을 가리킨다. 비트겐슈타인의 글들을 위해 사용된 약호들도 마찬가지로 이 책 끝에 있다.

우리는 그에게 철학사 내에서 어떤 자리를 할당해야 할지 전혀 알지 못한다. 그는 20세기의 가장 위대한 철학자(Kenny, 1973, p. 11)인가, 아니면 철학의 암살자(Deleuze, 1988)인가?

그는 살아생전 두 철학 학파에 영감을 준 공로를 인정받는다. 즉 "전기 비트겐슈타인"(『논리-철학 논고』의 비트겐슈타인)에게서는 비엔나 학단의 논리 실증주의의 영감이 유래하고, "후기 비트겐슈타인"(『철학적 탐구』의 비트겐슈타인과 그 작품의 출판 훨씬 전에 그 가르침이 유포되고 있던 비트겐슈타인)에게서는 옥스퍼드의 일상 언어 철학의 유인誘因이 유래한다.

비트겐슈타인의 저작은 (그의 생전에 출판된 작품들에 국한한다면) 매우 한정된 동시에 (그의 이름으로 출판된 모든 것을 계산에 넣는다면) 매우 광범하다.

생전에 비트겐슈타인은 철학책으로 『논리-철학 논고』 한 권, 서평 하나, 철학 논문 한 편("논리적 형식에 관한 몇 가지 소견"), 그리고 어린이를 위한 정서법 사전 한 권을 출판했을 뿐이다. 그의 유고 작품은 그의 원고에서 원하는 대로 출판할 자유를 얻은 유고 관리자들의 흔적을 지니고 있다. 그것은 상이한 장르에 속하지만 주석가들이 같은 권위를 부여해 주고 있는 텍스트들로서, 철학적 반성, 일기, 편지, 기질적 반응, 상황과 관련된 소견 등을 포함한다. 어떤 글들은 심지어 비트겐슈타인의 손에 의한 것이 아니라, 강의와 대화의 노트들로 구성되어 있다. 『논리-철학 논고』를 제외하고는, 우리가 오늘날 서점에서 그의 이름 아래 찾아볼 수 있는 저작물들은 (『철학적 탐구』나 『심리학의 철학에 관한 소견들』처럼) 그가 살아생전에 출판하기 적당하다고 보지 않은 원고들이든지, (『문화와 가치』나 『쪽지』처럼) 유고 관리자들에 의해 선별 배열되었으나 그들의 그러한 편집상의 선택이 언제나 설명되어 있지는 않은 소견들이든지, (『청색 책·갈색 책』, 『강의와 대화』 등처럼) 그의 제자들과 친구들에 의해 작성된 강의 및 대화 노트들이다. 비트겐슈타인의 죽음과 그의 유작들의 점진적 출판과 더불어 주석가들은 마오쩌둥이 반복한 "백화제방百花齊放, 백가쟁명百家爭鳴"이라는 전국시대의 명령에 복종한 듯 보인다. 오늘날 우리에게는 페미니스트 비트겐슈타인(Scheman et O'Connor, 2002), 공산주의자 비트겐슈타인(Kitching et Pleasants, 2002), 고통스러운 동성애의 아이콘 비트겐슈타인(Bartley, 1973), 소련의 첩자(Cornisch, 1998), "탈식민화된" 비트겐슈타인(Das, 1998) 등이 있다. 이 오스트리아 철학자의 영향은 또한 프랑스와 특히 영국에서 피터 윈치(Peter Winch, 1958), 피에르 부르디외(Pierre Bourdieu, 1980과 1997), 어니스트 겔너(Ernest Gellner, 1959 및 1998), 그리고 데이비드 블루어(David Bloor, 1983)와 함께 사회과학에서도 발견된다. 사회학에서의 "비트겐슈타인 증후군",

즉 "과학적 절차는 그것이 관찰하는 현상에 대한 엄격한 인과적 설명의 산출로 환원되지 않는다는 생각에 다른 탐구 분야들과 마찬가지로 정당성을 인정하기에 이른 한 분야의 진보"(Ogien, 2007, 서론)에 관해 말할 수 있었을 정도로 말이다.

그러므로 비트겐슈타인의 사상에 대한 하나의 입문을 제시하는 것이 유익하다고 보았다. 그렇지만, 이 계획은 세 가지 어려움에 부딪힌다. 첫 번째 어려움은 비트겐슈타인 연구를 가르는 해석 논쟁에서 어느 편을 들지 않고 그의 사상을 설명하는 데 있다. 철학사 교과서나 (『스탠포드 철학 백과사전』에 실린 온라인 논문(Biletzki et Matar, 2014) 같은) 백과사전 논문들의 "표준적 독해"는 "전기"와 "후기" 비트겐슈타인을 구별한다. 이러한 시기 구분은 하나의 근본적인 단절에 의해 정당화된다. 즉 케임브리지의 그 철학자는 우선 『논리-철학 논고』에서 언어와 세계 사이의 연결에 관한 어떤 하나의 형이상학적 이론을 제안했다가, 두 번째 시기 『철학적 탐구』에서는 낱말의 의미를 그 쓰임으로 환원하면서 실제의 언어적 실천을 기술하는 데 만족하여, 모든 이론적 야망을 버렸다. 이 "표준적" 독해에 맞서 새천년과 함께 등장한 "신新 비트겐슈타인파"(Cray et Read, 2000)는 그 두 저작 사이에서 근본적 단절을 보는 것을 거부하는 "연속주의적" 독해를 내세운다. 이들은 비트겐슈타인이 새로운 논제를 제안함이 없이 오로지 혼란을 해소하는 것을 겨냥

하는 치료로서의 철학 개념을 전 생애에 걸쳐 유지했다고 상기시킨다. 그러므로 그에게 근본적 단절을 부여하는 것은 부당할 것이다. 다른 주석가들은 시기의 양분兩分을 유지하면서 그것을 수정하는 편을 택한다. 이들은 1946년에서 1951년까지의 글들을 가리키기 위해 "제3의 비트겐슈타인"을 이야기하는데, 여기서 이 철학자는 자신의 이전 입장들을 취소하지 않음에도 불구하고 새로운 방향으로 진입한다(Moyal-Sharrock, 2004, p. 85).

두 번째로, 우리의 철학자는 자신이 이해받지 못한다는 지속적인 느낌을 지니고 있었으며, 자신의 생각을 설명하려는 모든 시도가 그를 화나게 했다. 그는 자신의 저작이 거의 전부 유작이 되기를 의도적으로 선택했는데, (러셀이 일컬었듯이) 그의 "예술적 양심"은 완벽하지 않은 것은 무엇이건 출판하기를 금지했기 때문이다. 죽기 직전에 그는 다른 사람의 생각을 이해할 가능성을 의심하기조차 했다:

다른 철학자가 말하는 것을 당신이 이해할 수 있다고 생각하지 말라. (⋯) 당신이 가장 가까이 접근할 수 있는 것은 이것이다: '이 풍경은 낯익다. 나 자신이 이 근방에 와 본 적이 있다.' (Flowers, 1999, vol. 4, p. 127)

세 번째로, 이 "길잡이Repères"[2]를 쓰면서 우리는 대중적 입문서를 경멸하고 자신의 생각을 대중화하는 것에 살아생전 일절 반대한 비트겐슈타인의 명백한 의지를 거스르고 있다. 그는 자기가 기껏해야 제한된 범위의 독자들에게, 대개는 그 자신에게, 말을 건다고 생각했다:

나는 거의 언제나 나 자신과의 혼잣말을 글로 쓴다. 내가 또 하나의 나와 단둘이서 이야기하는 문제들을.(*CV*, MS 137 134b: 1948.12.26)

이 모든 이유로 우리는, 비트겐슈타인의 진의를 파악했다는 확신이 없으면, 정확히 비트겐슈타인의 문자에 머무르기로 했다. 그러나 이런 규율을 우리에게 부과한다 해도, 우리는 그가 버트런드 러셀Bertrand Russell이나 조지 에드워드 무어George Edward Moore나 고틀로프 프레게Gottlob Frege 같은 사람보다 우리가 그를 더 잘 이해했다고 여기리라고 생각할 어떤 이유도 없다. 그리고 "『논고』는 언어 그림 이론을 옹호한다, 그러고 나서 케임브리지의 철학자는 『탐구』에서 그것을 비판한다"와 같이 외관상 "알레르기를 적게 일으키는" 그리고 "합의를 본" 문구는 "신 비트겐슈타인파"(그들에게 비트겐슈타인의 철학은

---

2 (옮긴이주) 저자의 이 책을 포함하는 출판 총서의 이름.

항상 비판적이고 부정적이었다)의 반대를 불러일으킬 것이다. 그리고 아마도—이것이 우리에게 더 거북한 것인데—비트겐슈타인의 분노를 불러일으킬 것이다. 그는 자신을 가둔 철학자들의 연옥에서 두 팔을 허공에 뻗으면서 (영어로) 외칠 것이다: "못 참겠다! 못 참겠어!"

우리를 변호하기 위해, 우리는 이 책이 독자에게 오스트리아 철학자의 글에 접근하기 쉽게 하는 열쇠들을 주어 독자가 이 철학자의 글에 몰입하게 자극하려 할 뿐이라는 점을 말해 둔다. 왜냐하면 비트겐슈타인은 비-철학자들에게는 접근하기 어려운 저자이기 때문이다. 그가 제기하는 물음들과 그가 내놓은 대답들의 유형으로 인해, 그는 "모든 사람을 위한 철학자"가 아니라 "철학자들을 위한 철학자"(Anscombe, 1981, p. 3)이다. 그를 주제로 한 소설이나 영화를 본 후에 그를 읽어 보려고 시도하는 독자는 그의 생략적이고 단편적인 글로 인한 난점들에 아주 빨리 마주치게 될 것이다. 자신의 고유한 문체에 관해 말하면서 비트겐슈타인은 다음과 같이 쓰고 있다:

내가 책을 쓰려는 의도 없이 나 홀로 생각할 때면, 나는 주제의 주위를 뛰어 돌아다닌다. 이것이 나에게 자연스러운 유일한 사고방식이다. 억지로 일렬로 계속 생각하는 것은 나에게는 고통이다. 내가 지금 도대체 그런 일을 시도해야 한단

말인가? 나는 아마도 전혀 가치가 없는 사고들을 정리하는
데에 이루 말할 수 없는 노력을 낭비하고 있다. (*CV*, MS 118
94v: 1937.9.15)

우리는 연대순 고찰과 주제별 고찰이 동시에 혼합된 계획을
채택하기로 했다. 제1장은 비트겐슈타인의 삶을 상술한다. 이
는 그의 저작을 이해하려면 필수적이다. 제2장에서 우리는
『논리-철학 논고』의 "전기 비트겐슈타인"을 소개한다. 제3장
은 그가 미학, 윤리, 그리고 신비라고 부른 것에 관계되는 글들
을 다룬다. 그에게 그것들은 하나의 동일한 것으로, 그는 그것
에 관해서는 거의 의견을 바꾸지 않았다. 제4장은 『철학적 탐
구』와 "후기 비트겐슈타인"에 할애되었다. 제5장은 인식론적
이라고 규정할 수 있을 글들, 즉 앎 일반에 관한 문제들에 대한
글들(여기서 혹자는 "제3의 비트겐슈타인"을 본다)과 정신분
석, "순수" 수학, 인류학 같은 특수 분야에서의 앎에 관한 문제
들에 대한 글들을 다룬다.

I. 한 순회巡廻 철학자의 여정

사람들이 죽었을 때, 우리는 그들의 삶을 화해적 관점에서 본다. 그의 삶은 안개를 통해 우리에게 원만하게 보인다. 그러나 그에게는 그 삶이 둥글지 않았다. 오히려 모서리가 나 있었으며 불완전했다. 그에게는 화해가 존재하지 않았다; 그의 삶은 적나라하고 비참하다. (*CV*, MS 180a 30: 1945 무렵)

1. 청소년기(1889~1911)

비트겐슈타인의 삶은 레이 몽크의 기념비적 전기(1990) 덕분에 잘 알려져 있다. 그는 1889년 4월 26일 유럽의 가장 부유한 집안 중 한 집안에서 태어난다. 아버지 카를 비트겐슈타인 (1847~1913)은 부동산업자가 되어 신교로 개종한 한 양모 판매업자의 아들로, 철강업에서 큰돈을 벌어 오스트리아에서 카네기나 로스차일드 같은 사람에 상당하는 사람이 되었다. 비트겐슈타인은 카를 크라우스가 "세계 파괴를 위한 연구소"(Monk, 1990, p. 9)로 기술한 비엔나, 즉 나치즘과 마찬가지로 시오니즘의 요람이고, 무조 음악과 정신분석, 그리고 현대 건축의 요람인 비엔나에서 성장한다. 어릴 때부터 그는 1898년에 은퇴한 그의 아버지가 후원하고 보호하기를 바란 찬란한 문화의 분위기를 누린다. "비트겐슈타인궁宮"으로 불린 그의 집에서는 클라라 슈만, 구스타프 말러, 리하르트 슈트라우스, 부르노 발터와 특히 요하네스 브람스— 그는 그 집안 아이들에게 피아노 교습을 하고 있었다— 를 마주치는 일이 흔했다. 방들은 로댕,

비트겐슈타인 생가(비트겐슈타인궁)와 내부의 음악실 중 한 곳인 로테 살롱

코코슈카, 실레, 클림트와 비엔나 분리파의 다른 예술가들의
작품으로 장식되어 있었다(카를 비트겐슈타인은 특히, 비엔나
에서 언제나 사람의 감탄을 자아낼 수 있는 분리파 전시관에
재정 지원을 했다). 비트겐슈타인은 여덟 아이 중 가장 어렸다.
그의 어머니는 음악에 대한 열정을 제외하고는 의견도 개성도
없이 남편에 순종하는 여자, 자식들에 대한 사랑을 표현할 줄
도 모르고, 아이들 아버지의 권위주의와 분노 과잉에 맞서 자
식들을 보호할 줄도 모르는 여자로 묘사되었다(Waugh, 2008,
p. 39).

비트겐슈타인은 놀이 친구도 거의 없고 바깥세상과의 접촉
도 거의 없이, 정이 거의 없는 가족의 무균 인큐베이터 속에서
성장했다(아버지는 자식들을 나쁜 영향에서 보호하기 위해 자
식들을 집에서 교육하기를 원했고, 여덟 명의 어린이 비트겐슈
타인에게 26명의 가정교사까지 붙여 주었다). 그는 돈으로 살
수 있는 것은 무엇이든 가졌지만, "자신은 이 세계에서 사족蛇
足(de trop)"이라는 그의 항구적인 느낌에 따르면, 그를 받아들
이는 사랑은 제외되었다(Monk, 1990, p. 41). 비트겐슈타인에
관해서 우리는 그 자신이 어느 날 버지니아 울프에 관해 한 말
을 할 수 있을 것이다. 즉 그는 사람의 가치를 예술이나 문학,
과학이나 정치에서의 탁월성과 성공을 척도로 해서 평가하는
집안에서 성장했다고 말이다(Monk, 1990, p. 256). 아직 어렸을

때, 그는 형들과 누나들의 재능,
특히 모차르트만큼 진정한 음
악 신동인 형 한스의 재능에 비
교될 만한 재능이 없었다. 그는
단지 어떤 손재주로 두각을 나
타냈을 뿐이다. 열 살 때 그는
소형 재봉틀을 만들었다(Flow-
ers, 1999, vol. 1, p. 117).

손수 만든 재봉틀 앞에 있는
11살의 비트겐슈타인

　그렇게 비트겐슈타인은 그
의 아버지와 형들 사이의 갈등
으로 생긴 강한 돌풍이 통과하는 정서적 사막에서 성장한다.
열 살에서 열 한 살의 나이에 그는 처음으로 자살을 생각한다
(Waugh, 2008, p. 37). 2년 후인 1902년에, 그의 형 한스Hans가
자기를 그 자신이 이룩한 산업 제국의 후계자 자리에 앉히기를
원한 아버지 카를의 압력에서 벗어나려고 집을 나온 후 자살한
다. 2년 후, 다른 형 루돌프Rudolf가, 나쁘게 받아들여진 동성애
적 경향과 아마도 연관되어 베를린에서 음독자살한다. 한편,
비엔나는『성과 성격』이라는 제목하에 자신의 논문을 막 출판
한 젊은 오토 바이닝거의 자살로 충격을 받았다. 이 저서는 유
태인의 특성, 사랑, 그리고 성性에 관한 젊은 비트겐슈타인의
생각에 영향을 주게 된다. (이 절 끝의 글 상자 참조)

위의 두 아들3의 자살로 아버지 카를은 자신의 교육 방식을 재검토하게 되고, 끝의 두 아들 파울과 루트비히가 비엔나를 떠나 자신들의 친화성에 맞게 교육받도록 허용하는 데 동의한다. 비트겐슈타인에게는 9년간의 심한 고통의 시기, 그동안 자신이 자살하지 않은 것에 대해 부끄러워하게 되는 시기가 시작된다(Monk, 1990, p. 41). 1903년에서 1906년까지, 그는 린츠의 한 기술학교에서 기숙한다. 변변찮은 학생이었던 그가 거둔 가장 좋은 성적은 종교 과목에서였다. 그의 귀족적 태도와 존댓말 하기는 그를 친구들로부터 따돌림과 야유의 대상이 되게 했는데, 이는 비트겐슈타인과 같은 나이지만 학교에 늦게 들어온 아돌프 히틀러라는 다른 학생의 경우도 마찬가지였다. 그 두 소년이 자주 만났는지는 알려진 바 없다.

그러나 어떤 이들에 따르면, 그 둘이 같이 있는 걸 보여 주는 학교 사진이 한 장 존재한다. 논란의 소지가 아주 큰 한 책에서, 킴벌리 코니쉬Kimberley Cornish(1998)는 비트겐슈타인에게 히틀러의 반유태주의 형성에서 중요한 한 역할을 부여한다.

공학에 대한 비트겐슈타인의 취미가 그를 그 아버지의 산업 제국의 가장 가능성 있는 후계자로 만들었을지라도, 그는 아직

---

3 (옮긴이주) 정확히는 첫째와 셋째 아들이다. 첫째 한스는 1902년 미국 체사피크 만에서 실종(자살로 추정됨)되었고, 셋째 루돌프는 1904년 베를린에서 청산염을 마시고 자살했다. 그러나 둘째 쿠르트Kurt도 부친의 사망 후이지만 1차대전 중 전선에서 권총 자살한다.

린츠 기술학교 시절의 비트겐슈타인 위 두 번째 줄 오른편에서 3번째.
오른쪽 맨 위는 히틀러로 추정

특수한 재능은 갖고 있지 않았다―그 대가로 자신을 더는 사
족으로 느끼지 않기를 바랄 수 있는 그런 특수한 재능 말이다.
1906년에 그는 통계물리학의 창시자인 오스트리아의 물리학
자 루트비히 볼츠만Ludwig Boltzmann의『대중적인 글들』을 읽
는다. 볼츠만은 항공학의 미래를 "영웅들과 천재들"의 노력에
맡겼다(Waugh, 2008, p. 48). 천재로의 길을 찾아냈다고 믿고서,
젊은 루트비히는 볼츠만의 강의를 들으려고 비엔나 대학에 등
록하지만, 1906년 9월 볼츠만의 자살이 졸지에 그를 붙잡는
다. 그래서 그는 베를린-샤를로텐부르크 공과대학(오늘날 베

맨체스터 근처 글로솝에서 연을 실험 중인 비트겐슈타인과 친구 이클스

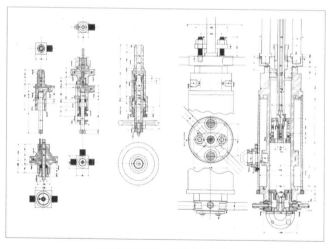

비트겐슈타인이 설계한 항공 엔진

를린 공과대학)에 등록하고, 거기서 항공학 연구에 착수한다. 그리고 그 연구를 1908년부터는 맨체스터에서, 자신의 고유한 비행기를 제작한다는 전망을 지니고 계속한다. 맨체스터에서 그는 프랭크 휘틀Frank Whittle의 제트 엔진의 선구가 되는 엔진의 아이디어로 특허권을 얻는다(Lemco, 2006,

고틀로프 프레게(1848-1925)

p. 39). 그의 연구는 그의 관심을 순수 수학으로 인도하고, 그다음에는 그가 자신의 가장 중요한 기여가 이루어졌다고 여기게 될 영역인 수학 철학으로 인도한다. 그는 1903년에 출판된 버트런드 러셀의 『수학의 원리들』(*Principles of Mathematics*)을 발견하고, 그다음 예나대학의 교수인 고틀로프 프레게의 글들을 발견한다. 이 두 저자는 수학을 형이상학과 함께 (선천적 종합 판단의 영역에) 분류하는 그 당시 지배적인 칸트의 입장에 대항하여 수학을 논리학에 (즉 선천적 분석 판단들의 영역에) 병합하려고 애써 왔다. 그러나 이 기획은 러셀의 역설이라는 이름으로 알려진 한 가지 난점에 마주친다. 프레게는 수학을 논리학으로 환원할 수 있게 수를 집합과 같이 생각할 것을 제안한다. 그러나 러셀이 『원리들』에서 보였듯이, 집합class이

란 개념 그 자체는 모순적이다: 어떤 집합들은 그 자신의 원소들이고, 어떤 집합들은 그 자신의 원소들이 아니다(집합들의 집합은 하나의 집합이고 따라서 그 자신의 원소이고, 포유류의 집합은 포유류가 아니다). 그 자신의 원소들이 아닌 집합들의 집합을 택해 보자. 이 집합은 그 자신의 원소인가? 만일 그렇다고 대답하면, 이는 이 집합이 오로지 그 자신의 원소가 아닌 집합들만을 포함한다는 사실에 모순될 것이다. 만일 그렇지 않다고 대답하면, 그러면 그 자신의 원소도 아니고 그 자신의 원소가 아닌 집합들의 집합의 원소도 아닌 집합이 최소한 하나 있을 것이다. 이런 것이 러셀의 역설4인데, 그것은 "이발사의 역설", 즉 "자신을 면도하지 않는 모든 사람[만]을 면도하는 이발사는 누가 면도하는가?"라는 형태의 더 알기 쉬운 버전으로

---

4 (옮긴이주) '러셀의 역설'은 러셀이 수數를 논리적 개념들만을 써서 정의하려 하던 중 집합class 개념과 관련하여 발견한 문제로, 다음과 같이 좀 더 명료하게 설명할 수 있다. 즉 집합들은 자기 자신의 원소이거나(예: 비-인간들의 집합) 아니거나(예: 인간들의 집합)이다. 그러나 이제, 자기 자신의 원소가 아닌 그런 모든 집합들로만 이루어진 집합 C를 놓고 생각해 보자. C는 자기 자신의 원소이거나 아니거나, 둘 중의 하나라야 할 것이다. 그러나 (1) 만일 C가 자기 자신의 원소라면; C의 원소들은 오직 자기 자신의 원소가 아닌 집합들뿐이기 때문에, C는 자기 자신의 원소가 아니다. (2) 만일 C가 자기 자신의 원소가 아니라면; C는 자기 자신의 원소가 아닌 모든 집합들의 집합이기 때문에, C는 자기 자신의 원소이다. (1), (2) 어느 쪽이건 모순이 성립한다. 즉 C가 자기 자신의 원소라면 그것은 자기 자신의 원소가 아니며, 자기 자신의 원소가 아니라면 자기 자신의 원소이다.

알려져 있다.

비트겐슈타인은 이 역설을 한 권의 책에서 풀려고 시도한다. 그는 그 계획을 작성하여 1911년 여름 예나에 있는 프레게에게 제출한다. 프레게는 아마 거의 설득되지 않았을 것이다(그 책의 계획에서 우리에게 알려진 것은 아무것도 없다). 그리고 그에게 케임브리지의 러셀을 찾아가 같이 연구하기를 권유한다. 그렇게 해서 비트겐슈타인은 1911년 10월의 어느 날 저녁 케임브리지의 트리니티 칼리지에 있는 러셀의 아파트에 예고 없이 도착한다.

바이닝거의 독자 비트겐슈타인

악마 같은 『성과 성격』을 출판한 후 스물세 살의 나이에 자살한 비엔나의 젊은 유태인이자 동성애자인 바이닝거의 비트겐슈타인에 대한 영향은 많이 언급되었다(Stern et Szabados, 2004). 바이닝거는 "오직 젊은 사람만이 그럴 수 있는" 것처럼 "편견이 가득"하지만(Flowers 1999, vol. 3, p. 183), 비트겐슈타인에 대한 그의 영향은 지나치게 평가될 수 없을 것이다. 비트겐슈타인은 사랑과 욕망 간의 화해 불가능

한 대립이라는 생각과 같은 수많은 생각을 그에게서 끌어왔다:

"자신이 욕망하는 여성을 사랑도 한다고 주장하는 자는 거짓말하고 있거나 사랑이 뭔지 전혀 알지 못한 자이다: 사랑과 성적 충동은 그처럼 다르다. 그런 까닭에, 어떤 사람이 결혼에서의 사랑에 관해 말한다면, 그것 역시 거의 언제나 위선으로 느껴지는 것이다. (…) 성적인 끌림은 신체적 접근과 함께 자라나고, 사랑은 사랑하는 사람의 부재不在 시에 가장 강하다. 사랑은 살아 있으려면 분리와 어떤 거리라는 자양분이 필요하다."(Weininger, 1903, p. 195)

1931년에 비트겐슈타인은 마르게리테 레스핑거Marguerite Respinger에게 결혼을 제안하지만, 그들의 관계가 플라토닉한 채로 남아 있어야 한다는 필수 조건을 달았다. 아이를 갖기 원했던 마르게리테는 거절한다. 그러나 이는 바이닝거에 따르면, 현실적 여성 해방의 유일한 길이 되는 조건을 받아들이기를 거부하는 것이다:

"남성의 순결은 (…) 여성의 구제 조건이다."(Weininger, 1903, p. 10).

비트겐슈타인이 많이 읽은 두 명의 저자인 아우구스티누스와 톨스토이와 더불어 바이닝거는 지속적인 성적 금욕을 옹호한다.

케임브리지의 철학자[비트겐슈타인]는 또한 유태인에 대한 모든 차별적 대우나 박해에 대한 원칙적 반대가 동반된 부정적 시각을 바이닝거에게 빚지고 있다. 바이닝거에게 유태적 특성이 가리키는 것은 인종도 민족도 신앙도 아니라 "정신의 방향, 모든 인간에 대해 하나의 **가능성**을 형성하는 어떤 심리적 구조"(Weininger, 1903, p. 247)이다. 유태적 특성은 군집성과 순응적 태도, 자신에게 가치를 부여하기 위해 남들을 낮추려는 욕구, 그리고 선에서도 악에서도 성격과 독창성과 개별화와 위대함의 결여로 특징지어지는 심리 유형이다. 반유태주의 그 자체는 하나의 유태적 현상일 것이다:

"사람은 자신의 존재가 그러하기를 기꺼이 바라지만 전혀 그러하지 않은 것만을 다른 사람에게서 사랑하는 것처럼, 사람은 자신의 존재가 그러하기를 결코 원하지 않지만 부분적으로 여전히 늘 그러한 것만을 다른 사람에게서 미워한다. (…) 유태적 본질을 미워하는 자는 누구나 그것을 우선 자신에게서 미워한다: 그가 그것을 다른 사람에게서 추구한다는 것은 단지 이런 방식으로 자신을 유태적인 것으로부터 분리하려는 시도일 뿐이다. (…) '기독교도에게서만 사라'와 같은 구호들은 유태적이다. 왜냐하면 그런 구호들은 개인을 단지 종족에 소속된 존재로만 고찰하고 평가하기 때문이다."(Weininger, 1903, pp. 247~253)

이런 뜻에서, 모든 반유태주의는 자기혐오이다. 비트겐슈타인은 조부모 중 세 명이 유태인이었지만, 유태 법의 견지에서는 유태인이 아니었다. 왜냐하면 그의 외할머니 마리 스탈러Marie Staller는 오스트리아의 오래된 가톨릭 가문 출신이었기 때문이다. 그는 자신의 문화와 교육으로 인해 자신을 독일인으로 느꼈지만, 자신을 유태적 사상가처럼 여겼고, 그 당시 유행하던 반유태인적 고정관념들을 자신의 경우에, 특히 자신의 작품의 "재생산적인" (그리고 독창적이 아닌) 성격과 관련하여 적용했다(CV, pp. 50~51). 그와 유태주의의 관계에 대한 글은 많다(Cornish, 1998; Klagge, 2001). 주석가들에 따르면, 그는 "랍비적" 사상가(Nieli, 1987), "위장한" 유태 사상가(Chatterjee, 2005), 반유태주의의 비판자(Szabados, 1999), 또는 반대로 자기혐오에 사로잡힌 반유태주의자(Lurie, 1989)이다.

2. 케임브리지에서의 첫 번째 체류와
『논리-철학 논고』(1911~1919)

모르는 독일인이 한 명 나타났는데, 영어가 매우 짧았지만, 독일어로 말하기는 거부했습니다. 그는 샤를로텐부르크에서 공학을 배웠으나 그 과정에서 스스로 수학 철학에 대한 열정을 얻었고, 이제 내 강의를 들으려고 케임브리지에 온 사람인 것으로 드러났습니다.(러셀이 오토라인 모렐에게 1911년 10월 18일 보낸 편지) (Monk, 1990, p. 38)

케임브리지에서의 비트겐슈타인의 첫 번째 체류는 러셀이 그의 정부情婦인 오토라인 모렐 부인과 매일 주고받은 편지 덕분에 잘 기록되어 있다. 거기에는 빅토리아 여왕의 수상의 손자인 이 영국 귀족의 일원과 오스트리아의 상류 산업부르주아의 자식 간의 다른 면과 단계들이 드러난다. 비트겐슈타인은 러셀의 강의를 듣고 그에게 질문해 대면서 괴롭힌다:

버트런드 러셀(1872-1970)

내 독일 친구는 나에게 주어진 형벌일 우려가 있습니다. 그는 내 강의 후에 나와 같이 돌아와서는 저녁 시간까지 토론했습니다. — 고집 세고 삐딱하지만, 우둔하다고는 생각되지 않습니다. (Monk, 1990, p. 39)

적성의 갈등으로 몹시 마음이 괴로워서, 비트겐슈타인은 자기가 철학 분야에서 좋은 것을 산출할 수 있으리라는 보증을 러셀에게서 얻는 조건으로만 철학을 선택하려고 한다:

나의 독일인은 철학과 항공학 사이에서 주저하고 있습니다; 그가 오늘 내게 물었습니다, 내 생각에 자기는 철학에서 전혀 가망이 없는지를요. 나는 그에게 말했습니다. 나는 알지 못하지만, 그렇게 생각하지는 않는다고요. 나는 그에게, 내가 판단하는 걸 도울 수 있게 뭔가를 써서 내게 가져와 보라고 했습니다. (Monk, 1990, p. 40)

1912년 1월 케임브리지로 돌아왔을 때 비트겐슈타인은 러셀에게 원고를 하나 제출했다. 그 내용은 우리에게 전해져 있지 않지만, 러셀이 그에게 축복을 내리고 필요한 격려를 하도록 설득하기에 충분했다.

그래서 그는 정식으로 케임브리지에 등록했는데, 아마 이 대학은 철학사에 대한 그의 무지가 그가 등록하는 데 방해가 되지 않고, 그가 자신의 리듬과 형편에 따라 철학을 공부할 수 있었던 세계 유일의 대학일 것이다(Monk, 2005, p. 6). 러셀은 비트겐슈타인에게서 "전통적으로 이해되는 바와 같은 열정적이고 심오하고 강렬하고 지배적인 천재의 아마 가장 완벽한 예", 그 속에서 그가 자신의 이론적 열정과 "이해하지 못하면 죽어야 한다는 감정"을 알아볼 수 있는 대등한 자, 동료-정신을 본다(Monk, 1990, p. 43). 그는 그에게 아버지 같은 애정을 보이고, 그를 자신의 지적 후계자로, 수학 기초의 문제처럼 그 자신이 부딪혔던 문제들을 해결하는 데 성공할 사람으로 여긴다. 그의 제자 중 한 명의 증언에 따르면, "비트겐슈타인은 자신이 철학적 논의를 위해 비범한 재능을 지녔다는 것을 알았다. 그는 나에게 이렇게 말했다: '내가 특별한 소질을 지닌 분야가 정말로 있다는 것을 알게 된 날은 내 삶에 엄청난 차이를 가져왔다.'" (Flowers, 1999, vol. 3, p. 171).

이 신입생은 러셀 외에도 케인스나 무어 같은 케임브리지의 다른 인물들을 매혹하여 그들에게 천재로 인정받는 데 빠르게 성공한다. 그는 케임브리지의 '사도들*Apostles*'이란 비밀 모임의 일원으로 선출된다. 그러나 그 성원들의 자아 독존적 도취와 동성애적 음모를 위한 취향을 지지하지 않고 몇 주 후에 탈퇴한다. 비트겐슈타인도 수학도인 데이비드 핀센트라는 친한 친구이자 심복을 얻어, 그와 함께 리듬의 지각에 관한 심리학적 실험을 하고, 아이슬란드로 휴가를 떠난다(휴가 동안 그는 아버지의 돈을 탕진한다).

전前-공학도는 몇 달 만에 빠르게 러셀의 주인이 된다. 그는 지식 이론에 대한 러셀의 최근 연구를 비판하고, 철학에서 러셀이 말할 것이 더는 없다고, 그리고 논리학은 그에게 너무 어렵다고 설득하려 한다. 이것은 러셀에게 자살하고 싶은 마음이 들 정도로 상당한 영향을 미친다. 비록 그는 이 일을 초연하게, 철학적으로 받아들이려고 애쓰지만 말이다:

　　이런, 이런,─새로운 세대가 문을 두드리고 있습니다. 나
　는 내가 할 수 있을 때 그에게 자리를 만들어 주어야 합니다.
　그렇지 않으면 나는 악령이 될 겁니다. (Monk 1990, p. 82)

러셀의 지적 불명예는 그렇다고 그가 비트겐슈타인에게 심복이자 양심의 지도교수로서 봉사하는 것을 면해 주지는 않는

다. 케임브리지에 머무는 내내 젊은 오스트리아인은 그에게 자신의 방문을 받아들이게 하여 논리와 자신의 개인적인 죄에 관해 오랫동안 이야기한다(Monk, 1990, p. 64). 비트겐슈타인의 「논리에 관한 노트」(『노트북 1914~1916』의 부록에 수록됨)가 우리에게 남게 된 것은 그 수많은 "토론들"을 기록하게 한 러셀의 선견지명 덕택인데, 그 토론들

비트겐슈타인이 베르겐의 송네피오르 절벽 위에 지은 오두막집

에서 그는 질문하고 자신의 손님이 말하는 것을 방해하지 않고 듣는 데 만족한다.

케임브리지를 정복한 후, 비트겐슈타인은 진지한 일에 필요한 고독을 찾기 위해 노르웨이의 스키올덴에 은거하기로 결심한다. 러셀은 그가 실성하거나 자살하지나 않을까 두려워서 그를 만류하려고 시도한다:

나는 그곳이 캄캄할 것이라고 말했는데, 그는 햇빛을 싫어한다고 말했습니다. 나는 그곳이 외로울 것이라고 말했는데, 그는 똑똑한 사람들과 이야기하면서 자신의 마음을 팔았다고, 매음賣淫했다고 대답했습니다. 나는 그가 미쳤다고 말했습니다. 그러자 그는 '신이 저를 제정신으로부터 지켜 주시기를!' 하고 대답했습니다. (신은 틀림없이 그럴 겁니다.) (Monk, 1990, p. 91)

1913년 10월, 비트겐슈타인은 노르웨이에 정착하여 자신의 집을 짓고는, "논리-철학 논고"라는 제목으로 1922년에 출판될 것을 쓰기 시작한다. 1914년 여름, 그는 아버지가 사망한 뒤 유럽에서 가장 부유한 사람 중 한 명이 되어 비엔나로 가서는 총 10만 크라운을 다양한 예술가와 작가들에게 분배한다. 거기에는 아돌프 로스, 오스카 코코슈카, 라이너 마리아 릴케 및 게오르크 트라클(그는 같은 해에, 비트겐슈타인이 그를 만나 볼 시간을 갖기 전에 자살한다)이 포함되어 있었다.

그가 여전히 오스트리아에 있었을 때, 제1차 세계대전이 터졌다. 이중 탈장 때문에 병역 면제 판정을 받자, 그는 죽음과 대면함으로써 마침내 "제대로 된 사람"이 되려는 희망에서 자원병으로 입대한다. 전쟁의 첫 두 해는 비교적 평온했다. 비트겐슈타인은 그 능력 덕택에 사실상 사관으로 대접받았지만, 그는 사생활이 없는 그 삶의 조건을 잘 견디지 못했다. 그리고 대부분 징집병이 되기를 선택하지 않은 다른 병사들과 그의 관계는 긴장되었다. 처음에 그는 순찰함에 승선하도록 배치받고는 거기서 계속 글을 쓰고 『논고』에 관해 작업하다가 포병 공창으로 배치된다. 전쟁은 그의 삶의 방향성 결여라는 문제를 풀어 주었고, "너무 세심한 양심의 고통으로부터 그를 해방하고, 그로써 철학에서 새로운 작업과 새로운 통찰을 하는 것을"(Flowers, 1999, vol. 3, p. 137) 가능하게 했다.

1916년 봄에 그는 자신의 요구로 러시아 전선에 있는 한 전투 부대로 이송된다. 폴란드 갈리치아 지방의 타르누프에 잠시 체류할 때, 그는 톨스토이의 『요약 복음서』를 얻어 그 영향으로 신비로운 변환을 체험한다. 케임브리지의 기독교도 학생들을 맹렬히 비난하던 그가 "신"이나 "성령"에게 기도하기 시작한다(Monk, 1990, p. 120).

브루실로프 공세[5]는 그에게 날마다 죽음을 준비할 기회를 제공했다. 그는 관측병의 위험한 자리에 자원자로 나선다. 그리고 그가 받게 되는 집중포화를 주기도문 덕에 견뎌 낸다: "당신의 뜻이 이루어지이다. 저의 뜻이 아니라, 당신의 뜻이"(Monk,

---

[5] (옮긴이주) 제1차 세계대전 당시 알렉세이 브루실로프A. A. Brusilov 장군이 이끄는 러시아군이 1916년 6월 4일에서 9월 20일까지 오스트리아-헝가리 제국군에 심대한 타격을 입힌 공격.

제1차 세계대전에 참전한
비트겐슈타인의 신분증

1990, p. 138). 그것으로 비트겐슈타인은 일체의 두려움을 쫓을 기회를 얻는데, 그에 따르면 두려움은 잘못된 삶과 동의어였다. 폭격이 한창일 때 그가 (대피하라는 명령에도 불구하고) 제자리를 사수한 용기로 그는 여러 번 훈장을 받고 나서 하사로 진급한다. 1916년 10월에 그는 올로모우츠로 보내져 그곳에서 속성 장교 교육을 받았다. 그곳에서 그는 자신이 알았고 존경한 비엔나의 건축가 아돌프 로스의 제자인 파울 엥겔만을 만난다. 1917년 1월, 그는 러시아 전선으로 돌아와 케렌스키 공세[6] 동안 다시 영웅주의를 보여 주었고, 이로 인해 새로운 훈장들을 받고 예비 중위로 진급한다.

브레스트-리토프스크 조약과 함께 그는 1918년 3월 이탈리아 전선으로 이송된다. 여름이 오자 그는 3개월의 휴가를 허용받는다. 자신의 "첫 번째이자 유일한 친구"(Monk, 1990, p.

6 (옮긴이주) 1917년 7월 러시아의 알렉산드르 케렌스키A. F. Kerenski에 의해 지시되었으나 참패로 끝난 대규모 공격.

154)인 데이비드 핀센트가 영국에서 비행기 사고로 죽었다는 소식에 몹시 괴로워서, 비트겐슈타인은 다시 한번 자살하기 직전에 이른다. 그의 삼촌이 우연히 기차역에서 그를 만나, 그가 절망하여 자신의 생을 끝내기로 결심한 것을 보고는, 자기 집에 와서 지내도록 설득하는 데 성공한다. 비트겐슈타인은 잘츠부르크 근처 할레인에 있는 그의 삼촌 파울의 집에서 『논리-철학 논고』(*Logisch-Philosophische Abhandlung*) (1922년에 *Tractatus logico-philosophicus*가 되는)의 집필을 끝내고, 이 책을 핀센트를 기념하여 바친다. 1918년 9월, 그는 오스트리아-헝가리 제국의 정치적 붕괴를 배경으로 이탈리아 전선으로 돌아온다. 그는 포로로 잡혀 밀라노 근교의 코모에 감금되는데, 거기서 조각가 미하엘 드로빌과 교사 루트비히 헨젤을 만난다. 그리고 1919년 1월에 카시노로 옮겨지기 전에 헨젤과 함께 칸트의 『순수이성비판』을 읽는다. 비트겐슈타인은 자신이 『논고』로 철학에서 궁극적인 말을 했다고 믿고, 새로운 직업을 모색한다. 포로 신세가 끝나기를 기다리면서 전후를 기획할 때였다. 그는 사제직과 교사직 사이에서 망설이다가 후자 쪽으로 결정한다. 그는 자신의 석방을 주선하려는 가족의 시도를 막고, 다른 포로들과 함께 1919년 8월까지 참고 기다리는 쪽을 택한다. 그러나 책들을 받아보고 자유롭게 편지를 주고받는 것 같은 어떤 특전은 기꺼이 받아들인다. 그렇게 해서 그는 프레

게와 러셀에게 자신의 『논고』 사본을 보내고, 러셀의 『수학 철학 입문』(*Introduction to Mathematical Philosophy*)을 받아 본다. 이 책에서 러셀은 비트겐슈타인이 노르웨이에서 무어에게 구술한 "논리에 관한 노트(Notes on Logic)"(『노트북 1914~1916』의 부록으로 실림)에 의해 영감을 받았다고 인정한다. 비트겐슈타인은 자신의 지적 빚을 인정하는 러셀에게 (장차 자신을 인용하거나 원용하는 사람들에게 종종 하게 되듯이) 『수학의 원리들』의 저자가 자신을 이해하지 못했다고 응답한다(Monk, 1990, p. 161).

3. 잃어버린 시기(1919~1929)

제1차 세계대전은 비트겐슈타인의 조국 오스트리아-헝가리 제국의 종말로 끝났고, 이제 그는 오스트리아 제1공화국의 시민이 되었다. 셋째 형 쿠르트는 전쟁이 끝날 때 모호한 상황에서 자살했다. 루트비히의 유일하게 살아남은 형 파울은 전쟁에서 오른팔을 잃었다. 그는 자신의 장애에도 불구하고 연주가로서의 활동을 계속한다. (라벨이 특히 왼손을 위한 피아노 협주곡을 작곡한 것은 파울 비트겐슈타인을 위해서이다.)

4년의 전쟁과 1년의 포로 생활 후 1919년 8월 비엔나로 돌아왔을 때, 비트겐슈타인의 첫 번째 행위는 "재정적 자살"을 저질러 자신의 누이들과 형을 위해 자신의 재산을 포기하는 것이었다. 그러고 나서 그는 비엔나에서 교사

파울 비트겐슈타인(1887-1961)

오스트리아 푸흐베르크 초등학교 교사 시절의 비트겐슈타인(앞줄 오른편에서 7번째)

연수 과정에 등록한다. 그의 누이 헤르미네는 그가 가난한 사람들을 가르치느라 자신의 재능을 낭비한다고 애석해하며 반대했는데, 이에 응해 그는 자신이 오해받는 느낌을 다음과 같은 하나의 비유로 표현한다:

> 누님을 보니, 닫힌 창문을 통해 내다보면서 행인의 이상한 움직임들을 이해할 수 없는 어떤 사람이 생각납니다. 그는 저 밖에서 무슨 종류의 폭풍이 몰아치고 있는지, 혹은 이 사람이 두 발로 어렵게 겨우 서 있을 뿐인지도 모른다는 것을 알아낼 수 없습니다. (Flowers, 1999, vol. 1, p. 120)

비트겐슈타인이 펴낸 초등학교 어휘사전

비엔나에서 1년 동안 연수를 받은 후, 그는 자신의 교사 경력을 트라텐바흐 마을에서 시작하기로 결정한다. 교육에 대한 그의 열정에도 불구하고, 그는 종종 자제력을 잃고 초등학교 학생들 — 여기에는 (통상적이지는 않았지만) 여학생들이 포함되었다 — 을 때린다. 그리고 과도해 보이는 그의 요구들과 그가 어떤 학생들에게 미치는 영향에 불만인 부모들의 적개심을 불러일으킨다. 그는 트라텐바흐를 떠나 하스바흐로, 그리고 나서 1922년 11월부터는 푸흐베르크로 간다. 그는 학생들과 같이 별을 보고, 비엔나로 가는 짧은 여행에 학생들을 데리고 가고 하는, 별로 인습적이지 않은 교사였다. 그는 자신의 제자

프랭크 램지(1903-1930)

들에게 구술한 어휘 목록으로부터 철자법 사전을 편찬하는데, 그중에는 오스트리아의 그 지역 사투리가 포함되었다.

러셀의 노력과 그가 『논고』를 위해 쓴 서론 덕택에, 마침내 이 책이 1921년에 우선 독일어 판본으로, 그다음 1922년에는 『논리(적)-철학(적) 논고』(*Tractatus logico-philosophicus*)라는 최종 제목하에 독-영 대역 판본으로 출판된다. 이 제목은 무어가 스피노자의 『신학(적)-정치(적) 논고』(*Tractatus theologico-politicus*)에 빗대어 제안한 것이다. 여기서 "논리(적)"이라는 형용사는 논리를 기초로 간주하는 철학의 한 장르를 나타내기 위해 "철학(적)"을 수식한다.7

푸흐베르크에서의 비트겐슈타인의 힘든 일상은 케임브리지의 젊고 뛰어난 수학자 프랭크 램지Frank Ramsey의 방문으로 쾌활해진다. 램지는 『논고』를 읽었고, 이를 토론하고 싶어

---

7 (옮긴이주) 이 말은 정확하지 않다. '논리-철학 논고'에서 '논리(적)'는 문법적으로 '철학(적)'과 함께 '논고'를 수식한다. 스피노자의 책이 신학적이면서 정치적이기도 한 문제들을 다루는 논고이듯이, 비트겐슈타인의 책 제목은 그 책이 논리와 철학의 교집합, 논리적이면서 철학적인 문제들을 다루는 논고라는 뜻이다.

했다. 교사는 그에게서 자신이 필요로 한 대화 상대자를 찾았고, 이것이 1930년 램지의 조기 사망과 더불어 멈추게 되는 몇 년간의 교류의 시작이었다.

1926년, 그가 가르친 마지막 마을인 오터탈에서 비트겐슈타인은 다시 자제력을 잃고 한 남학생의 머리를 여러 번 때린다. 그 아이가 의식을 잃어 고소가 제기되자, 비트겐슈타인은 황급히 그 마을을 떠난다. 그는 재판에서 거짓말을 하여 혐의를 벗고(이 사실을 그는 10년 후 자신의 친구들에게 행한 고백에서 털어놓는다), 자신의 교사 경력에 종지부를 찍는다. 그래서 그는 한 베네딕트 수도원에서 몇 달을 정원사로 보내면서 수도사가 되는 것을 고려하지만, 혜안을 지닌 수도원장의 설득으로 단념한다. 어머니가 죽은 후, 그는 다시 자신의 유산을 버린다. 그리고 파울 엥겔만과 함께 자신의 누이 그레틀(마르가레테) 스톤버러를 위한 집을 짓는데, 그 집은 그 엄격성으로 인해 "집으로 화化한 논리"가 된다(Monk 1999, p. 237). 그 집은 아무런 장식이 없었고, 양탄자, 샹들리에, 커튼도 없었다. 비트겐슈타인이 설계한 라디에이터는 오스트리아의 어떤 공장도 제작할 수 없어서, 외국에 주문해야 했다. 집이 거의 준비되었을 때, 그는 천장을 3cm 높이기로 결정하고 그 요구를 관철한다. 그러나 1928년 말에 그레틀이 그 집으로 이사했을 때, 그 집은 그녀에게 "장갑처럼" 꼭 맞았다(Monk 1990, p. 237).

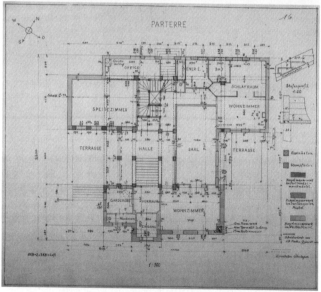

비트겐슈타인이 누이를 위해 지은 집과 1층 설계도

그레틀은 자신의 남동생을 비엔나 사교계에 다시 소개한다. 비트겐슈타인은 스위스의 부유한 가문 출신의 젊은 아가씨 마르게리테 레스핑거를 만나는데, 우리가 아는 한, 그녀는 비트겐슈타인이 (도저히 이루어지지 않을) 결혼을 고려한 유일한 여성이었다. 전직 교사는 또한 (당시에는 아직 비공식적 모임인) 비엔나 학단의 몇몇 구성원들을 만남으로써 철학적 토론으로 다시 돌아온다. 그들은, 1922년 『논고』가 출판되었을 때 그 책을 읽은 이래 몇 년 동안 그 저자를 만나려고 노력해 온 모리츠 슐릭, 비엔나의 수학자이자 물리학자인 프리드리히 바이스만, 그리고 예나에서 프레게에게 수학한 루돌프 카르납이었다. 이 토론들은 그 작품에 대한 비평의 기회를 제공하고, 철학에서 말할 것들이 아마 아직도 남아 있겠다는 생각이 그 저자에게 들게 한다. 그는 1929년에 케임브리지로 돌아가기로 결정한다.

4. 케임브리지로의 귀환과
제2차 세계대전(1929~1945)

비트겐슈타인은 여전히 비엔나에서, 자신의 "신비주의적" 변화, G. E. 무어와의 불화, 러셀과의 관계 냉각, 그리고 더 일반적으로 오스트리아와 영국 간의 갈등으로 인해, 케임브리지로의 귀환을 두려워한다. 램지와 케인스가 그가 케임브리지에 정착하기 쉽게 도와주어, 그는 램지의 지도를 받는 박사 과정 학생으로 등록한다. 7년 전 출판된 그의 작품을 학위논문으로 삼아 그에게 신속히 박사 학위가 수여된다. 학위논문 심사는 몽크에 의해 진짜 익살극으로 그려져 있는데, 거기서 학위청구자는 무어와 러셀로 구성된 심사위원에게 다음과 같이 말한다:

걱정하지 마십시오. 저는 선생님들이 [『논리-철학 논고』를] 결코 이해하지 못하리라는 것을 압니다. (Monk, 1990, p. 271)

그는 자신의 생애에서 두 번째이자 마지막 철학적 출판물인 "논리적 형식에 관한 몇 가지 소견"(1929)을 출간한다. 거기서 그는 램지의 비판에 응답하려고 시도하지만, 곧 이를 [무가치한 것으로] 포기한다.

비트겐슈타인(1930)

비트겐슈타인과의 관계가 냉각되었음에도, 러셀은 계속해서 그를 보호하고 그가 케임브리지에서 생활하고 가르칠 수 있게 재정 지원을 얻는 일을 도와준다. 비트겐슈타인은 자신의 강의 처음 몇 년 동안 학생들을 『논고』의 영향과 러셀이 옹호한 수학에 대한 논리주의적 접근 방식으로부터 치유하는 데 바친다.

그는 또한 케인스가 1927년에 파시스트 체제의 이탈리아를 떠나도록 도운 이탈리아의 마르크스주의 경제학자 피에로 스라파Piero Sraffa를 만나는데, 이 만남은 "후기 비트겐슈타인"의 사상을 위해 결정적인 것이 된다(Sen, 2003; Marion, 2005). 스라파는 신문 읽기나 라디오 청취를 거부한 이 오스트리아 동료에게 국제 뉴스를 알려 주는 책임을 진다. 『철학적 탐구』의 머리말에서 비트겐슈타인이 자신의 지적 부채를 철학자들

피에로 스라파(1898-1983)

(『논고』에서의 프레게와 러셀 같은)이 아니라 수학자(램지)와 경제학자(스라파)에 대해 인정한다는 점을 주목해야 한다:

> 내가 [『논고』의] 이 오류들을 깨닫는 데는 프랭크 램지가 내 생각들에 대해 행한 비판이 — 나 스스로는 평가할 수 없을 정도로 — 도움이 되었다. (나는 내 생각들을 그의 생애 마지막 2년 동안 무수한 대화에서 그와 함께 토론했다.) — 이러한 램지의 — 언제나 강력하고 확실한 — 비판보다도 내가 훨씬 더 신세를 지고 있는 것은 이 대학교의 선생인 피에로 스라파 씨가 여러 해 동안 나의 사고에 대해 끊임없이 가해 온 비판들이다. 이 책의 가장 성과 있는 생각들은 이 자극 덕택이다. (*PU*, p. 19)

1930년 1월 램지의 때아닌 죽음 직후에 비트겐슈타인은 케임브리지에서 가르치기 시작한다. 연구원 자리에 지원하기 위한 일환으로 비트겐슈타인은 1929년과 1930년에 작성된 — 후일 『철학적 소견들』이란 제목으로 출판되는 — 소견들을 정리한다. 러셀의 지원으로 그는 5년 임기의 자리에 선정된다.

그의 인기와 밀려드는 학생들(30명에서 40명 사이의 청중들)에 당황해서, 비트겐슈타인은 자신의 발언들을 필기하고 퍼뜨릴 일을 맡아 줄 더 제한된 청중에게 수업을 따로 마련하기로 결정한다. 이렇게 해서 1933년과 1935년 사이에『청색책』과『갈색 책』이 작성된다. 이 시기에『논고』의 저자는 자신의 책에서 표현된 입장들에 관해 재검토한 것으로 알려져 있다. 그러나 그의 새로운 입장들에는 불가사의가 지배한다. 그리고 그는 자신의 사상을 요약하거나 해명하려는 일체의 시도에 반대한다. 그의 활동 경력 내내, 그는 잘못 이해되어 한 가지 입장 안에 갇히는 것을 무서워하고, 어쩌면 비판을 초래할 것을 두려워하면서, 자신을 규정하는 데 어려움을 느끼게 된다.

1935년, 제한된 청중을 대상으로 하는 그의 수업에 허락된 여학생 중 한 명인 앨리스 암브로즈Alice Ambrose가 수학에 대한 자신의 교수 비트겐슈타인의 입장을 해명한다고 주장하는 한 논문을『마인드Mind』지에 발표한다. 편집자(무어)와 암브로즈에 대한 압력에도 불구하고 이 논문의 출판을 막는 데 성공하지 못하자, 비트겐슈타인은 그녀와 관계를 끊고 자기 생각을 왜곡한 데 대해 항의한다.

케임브리지에 불편함을 느껴, 그는 학생들에게 그곳의 희박한 대기를 멀리하라고 권고한다. 자기는 "자기 자신의 산소를

비트겐슈타인 연구실이 있었던 케임브리지의 트리니티 칼리지 건물

제조할"(Flowers, 1999, vol. 3, p. 209) 능력이 있어서 거기 있는 것이라고 정당화하면서 말이다. 그의 영향으로, 그의 학생 중 한 명인 모리스 드루리Maurice Drury는 정신과 의사가 되기 위해 신학 공부 및 성공회 신부가 되려는 자신의 계획을 포기한다. 마찬가지로, 비트겐슈타인과 사랑하는 친구가 된 명석한 수학도 프랜시스 스키너Francis Skinner는 자신의 공부와 유망한 경력을 포기하고 과학 기기 공장에 수습공으로 들어간다.

케임브리지에서의 연구원 자리가 1935년에 만료되자, 비트겐슈타인은 직업 전환을 희망하여 소련으로 가지만, 예정보다

일찍 영국으로 돌아온다. (이 절 끝의 글 상자 참조)

마르게리테와의 바라던 결혼을 위해 그는 긴 고백에 착수하는데, 이를 그는 자신의 친구들과 친족들에게 듣도록 강요한다.8 그리고 그에게 맞아 고통을 겪은 학생들에게 사과하기 위해 오터탈로 간다.

나치의 오스트리아 합병으로 그는 두 번째로 조국을 잃고, 불안한 정국에서 오스트리아의 시민에서 독일의 유태인이 된다.

그는 대학을 그만두기를 원하고 (그의 삶의 끊임없는 관심사인) 직업 전환을 모색하지만, 케임브리지의 철학과장으로 그가 선출된 것을 주저하며 받아들인다. 이것은 그가 1939년 6월에 영국 국적을 취득하는 것을 쉽게 해 준다. 그는 즉시 독일로 가서 독일 당국과 (뉘른베르크 법에 따라 유태인으로 간주된) 그의 가족의 협상에 참여한다: 비트겐슈타인 가족은 그들의 재산을 송환하는 대가로 신분 재결정을 얻어 내고 더는 걱정하지 않아도 되게 된다.

---

8 (옮긴이주) 비트겐슈타인은 마르게리테와의 '신성한 결합'을 위해 자신의 부정직한 면들을 고백하려고 준비했다고 보인다. 그러나 그러한 **고백이 그가 그녀에게 결혼을 제안한 1931년에 실제 있었는지는 불분명하다.** 여기서 언급된 그의 고백(자신의 유태 혈통과 교사 시절 학생을 때린 일 등과 관련된)은 그녀가 1933년 다른 남자와 결혼한 후 몇 년 후인 1936년에 행해졌다.

1939년부터 1941년까지 비트겐슈타인은 전쟁 지원에 참여할 방법을 찾는 데 실패한다. 1941년 스키너의 죽음으로 매우 가슴이 아파서, 그는 결국 가이스 병원에서 포터로 일하게 된다. 그가 그 병원을 선택한 것은 그 위

가이스 병원의 벽에 걸린
비트겐슈타인 기념 명판

치가 독일 공습을 받은 지역에 있었기 때문이었다. 그는 환자들에게 약을 운반하는 책임을 졌는데, 그들에게 약을 복용하지 말라고 충고한다. 이듬해 그는 뉴캐슬의 한 실험실에서 조수로 일한다. 거기서 그는 치료 약 조제에 몰두하여 동료들이 주목하는 성공을 거둔다.

동시에, 그는 수학에 관한 연구를 계속하고 장차 『수학의 기초에 관한 소견들』이 되는 것의 일부를 작성한다.

그는 자신의 생각이 진화했음을 보여 주기 위해, 그리고 논평자들이 나중에 "전기"와 "후기" 비트겐슈타인이라고 부르게 될 것 사이의 대조를 강조하기 위해, 『철학적 탐구』를 『논리-철학 논고』와 대면시켜 한 권 안에 출판하려고 시도한다(그러나 성공하지는 못한다).

소련에서의 비트겐슈타인

소련에 대한 비트겐슈타인의 관심은 이데올로기적 확신에 기인하지 않고, 케인스에 의해 기술된 삶의 어떤 정신과 양식과의 유사성에 기인한다. 이 영국의 경제학자는 자신의 "러시아에 대한 짧은 견해"(Keynes, 1931)에서 공산주의의 종교적 차원을 지적한다:

"[러시아 공산주의는] 일면 공산주의이지만, 다른 유명한 종교들을 따른다. 그것은 보통 사람을 격상시키고, 그를 전부로 만든다. 여기에는 새로운 것이 없다. 그러나 그 속에는 또한 새롭지는 않지만 그래도 변화된 형식과 새로운 환경에서 미래의 참된 종교—참된 종교라는 게 있다면 말이다—에 뭔가를 기여할지도 모르는 또 다른 요소가 있다. **레닌주의는 절대적으로, 도전적으로 비-초자연적이며, 그것의 감정적이고 윤리적인 본질은 금전 사랑에 대한 개인과 공동체의 태도를 중심으로 한다.**" (Keynes, 1931, p. 139)

케임브리지의 철학자는 서구의 몰락에 대한 슈펭글러의 음울한 진단을 공유하고 러시아에서 "정신적 피난처"(Flowers, 1999, vol. 2, p. 235)를 보았다.

도덕적 가치들(보통 사람에 대한 존중을 포함하는)을 초자연적 차원을 배제하는 형이상학과 결합함으로써, 레닌주의는 비트겐슈타인에게 적당한 틀을 구성했다: 그래서 그는 초자연적인 교의에 동의해야 하는 일 없이 자신의 종교적 열정을 표현할 수 있었다. 소련에서의 경험 가운데 그는 지식 그 자체에 대한 사랑, 낮은 실업률, 그 직업이 무엇이든 노동자에게 인정되는 존엄성, 그리고 귀족적 한가로움이라는 영국적 이상과 대조되는 노동 중시를 찬미했다.

여행을 준비하면서 비트겐슈타인은 도스토옙스키와 푸시킨을 원어로 읽을 수 있을 만큼 충분히 러시아어를 배웠다. 우리는 그가 마르크스를 읽었는지는 알지 못한다. 그러나 그가 관심 가진 러시아는 톨스토이의 도덕적 가르침과 도스토옙스키의 구도적 심리학이었지, 러시아의 정치 사회적 대의大義가 아니었다.

그는 1935년 가을, 케임브리지 지식인들의 작은 세계에서 모스크바로의 순례가 한창 유행할 때 소련을 여행했다. 모스크바에서 그는 학생들의 호기심을 높이 평가했다. 그리고 소련 수학계의 중심인물이자 마르크스의 수학 논문의 번역자 소피아 야놉스카야Sofia Yanovskaïa를 만났는데, 그녀는 그에게 헤겔을 읽으라고 충고했다. 러시아에서 "제대로 된"(대학에서의 연구는 일체 배제하는) 직업을 발견하리라는 희망을 품고 러시아에 도착했지만, 그는 모스크바 대학의 교수직과 카잔대학의 철학과장 자리를 제안받게 된다. 그는 집단 농장에서 일하기를 고집한다. 사람들은 그에게, 그가 케임브리지에서 자신의 작업을 계속한다면 인민의 이익에 더 유익할 것이라고 응답한다.

영국으로 돌아와서 그는 소련에서는 사람이 자신이 생각하는 것을 도통 말하지 않는 조건에서만 살 수 있다고 선언한다. 그러나 소련을 공개적으로 비난하는 것은 자제하는데, 아마도 "인본주의적" 이익의 투사인 러셀—그는 1914년에는 평화주의자였고, 1920년대부터는 반공주의자, 그리고 나중엔 베트남전에 반대하는 투사가 되었다—이 주도하는 반反-소비에트 운동에 보탬이 되지 않기 위해서였다. 비트겐슈타인은 정치적 분노의 지지자가 아니었으며, 폭정은 진부한 말들을 내뱉는 것보다 훨씬 덜 그를 분개하게 했다. 1936년의 스탈린 재판(스탈린의 사주로 1936년에서 1938년 사이에 트로츠키주의자들과 소련 공산당의 우파 반대파를 숙청하기 위해 모스크바에서 열린 일련의 공개 재판—옮긴이)의 물결에 뒤따른 반-소비에트 조류에 직면하여, 비트겐슈타인은 실제 권력 행사의 어려움과 스탈린이 통치하기 위해 맞서야 하는 장애물들을 강조한다(Monk, 1990, p. 354). 그의 마르크스주의자 제자들은 그전에 그를 "길동무"로 여겼다 (Monk, 1990, p. 348). 그리고 코니쉬(1998)는 (설득력은 거의 없지만) 그를 소련의 모집책으로 만든다.

5. 말년(1945~1951)

전쟁이 끝난 직후, 비트겐슈타인은 케임브리지에서 가르치기 위해 돌아간다. 그의 수업은 주로 수학과 심리학을 대상으로 하여 이루어진다.

대학교수 생활을 점점 더 견디지 못하고, 또 학생들에게 해로운 영향을 미칠까 봐 겁나서, 그는 1947년 말에 사직서를 제출하고 글쓰기에 전념한다. 그러고는 기울어지는 건강에도 불구하고 일련의 여행을 시작한다. 그는 전쟁이 끝난 후 처음으로 오스트리아로 가기 전에 아일랜드에서 1년을 보내며9 거기서 현재 『철학적 탐구』의 두 번째

아일랜드에서 비트겐슈타인이 지냈던 집

---

9 (옮긴이주) 아일랜드에 가기 전에 오스트리아를 방문했고, 아일랜드 체류 기간도 1년 반이 된다.

부분을 작성한다. 집도 없고 수입도 없었지만, 그의 빈약한 욕구를 충족하기에 충분한 저축이 있어서, 그는 생애 마지막 몇 년 동안 자신의 제자들— 이타카의 노먼 맬컴, 비트겐슈타인의 케임브리지대학 철학 교수 자리 후계자이며 그의 유언 집행자 중 한 명인 게오르크 헨릭 폰 브리크트, 비트겐슈타인의 사상에 영감을 받은 사조가 발전하고 있던 옥스퍼드— 그에 의하면 "철학적 황무지"(Flowers, 1999, vol. 3, p. 154)의 앤스콤—의 집에서 거주하다가, 그다음에는 그의 의사인 케임브리지의 베번 박사 집에서 거주한다.

1949년에 그는 당시 이타카의 철학 교수였던 맬컴을 방문한다. 거기서 그는 미국의 철학자 부즈마Oets Kolk Bouwsma를 만나고, 코넬 대학의 세미나에 참석하며, 『확실성에 관하여』라는 제목으로 출판될 소견들의 단초가 되는 토론에 참여한다. 그의 건강이 악화함에 따라, 그는 미국에서 죽는 것을 두려워한다:

나는 미국에서 죽고 싶지 않다. 나는 유럽인이다—나는 유럽에서 죽고 싶다. (…) 여기 온 내가 어리석었다.(Monk, 1990, p. 559)

비트겐슈타인과 제자 폰 브리크트(1950)

영국에 돌아온 그는 자신이 전립선암에 걸렸다는 것을 알게 되고, 그에 따르면 그의 지적 능력의 감소 원인이 되는 에스트로젠 치료를 받는다(Monk, 1990, p. 556). 그러나 그의 생애의 마지막 2년은 굉장한 생산성의 기간이다. 1950년에 비엔나로 돌아와서 그는 괴테의 『색채론』을 읽고, 『색채에 관한 소견들』(1977)이라는 제목으로 출판될 소견들의 일부를 작성한다. 1951년 초, 그의 건강 상태로 인해 그는 자신의 의사인 베번 박사 집에서의 요양 치료를 받아들이지 않으면 안 되었다. 그는 유언장을 작성하고, 자신의 친구들 가운데서 선택된 집행자들(러시 리스, 앤스콤, 그리고 폰 브리크트)을 지명한다. 그는 자기가 몇 달밖에 살지 못한다는 것을 알고는 진정한 창작열에 사로잡히는데, 이 창작열은 그가 죽기 전전날에야 끝난다. 마

침내 의식을 잃기 전에 그는 자신의 친구들에게 전하도록 여주인인 베번 부인에게 다음과 같이 말한다:

나는 멋진 삶을 살았다고 그들에게 말해 주십시오.

그는 1951년 4월 29일에 사망한다. 그리고 가톨릭 의식에 따라 케임브리지의 성聖 자일스 교회 묘지에 묻힌다.

임종을 맞은 비트겐슈타인

비트겐슈타인의 무덤

II. 논리적 원자주의의 영광과 불행: "전기" 비트겐슈타인

> 반면에, 나에겐 여기서 전달된 사고들의 진리성은 불가침적이며 결정적이라고 보인다. 따라서 나는 본질적인 점에서 [철학적인] 문제들을 최종적으로 해결했다고 생각한다. (*TLP*, 머리말)

『논고』의 저자는 자신이 철학에서 궁극적인 말을 했다고 믿지만, 이 작품의 해석은 여전히 나뉜다. 자신의 주장을 논증하거나 설명하는 것은 정원사의 진흙투성이 손으로 장미를 더럽히는 게 될 것으로 생각하는 특수한 귀족적 미학에 따라, 저자는 자기의 생각들을 신탁이나 일기 예보처럼 전한다. 우리는 세 가지 접근 방식을 구분할 수 있다(Richter, 2009, p. 12): 그 작품이 총체적으로 무의미하다고 여기는 "단호한" 혹은 "엄격한" 독해(McManus, 2006); 그 책은 이해할 수는 있지만, 항상 연결되지는 않는 명제들의 잡다한 집합이라고 (어떤 명제들은 러셀의 생각을 되풀이하고 다른 명제들은 쇼펜하우어의 생각을 되풀이하면서 기껏해야 그 둘 사이에 인위적인 연관을 지을 뿐이라고) 믿는 두 번째 독해(White, 2006); 앞의 두 독해가 연관성을 지니는 것을 받아들이는 세 번째 접근 방식(McGinn, 2006).

『논고』는 일곱 개의 주요 명제를 포함해 일련의 번호가 매겨진 수수께끼 같은 명제들의 형식으로 제시된다. "개별 명제들의 번호인 십진법 수들은 그 명제들의 논리적 무게, 즉 나의 서술 속에서 그 명제들에 놓인 역점力點을 암시한다. n.1, n.2, n.3 등의 명제들은 n번 명제에 대한 소견들이다; n.m1, n.m2 등의 명제들은 n.m번 명제에 대한 소견들이다; 그리고 나머지도 같은 식으로 계속된다." 예를 들면, 명제 1.1은 첫 번째 명제를 주해하는 데 쓰인다.

러셀이 쓴 것처럼, 우리의 철학자는 "자신의 의견을 마치 차르의 칙령인 양 표명하지만, 보통 사람들은 이러한 방식에 만족할 수가 없다". 그는 "금언들을 공표하고 그것들의 깊이를 독자가 최선을 다해서 평가하게 한다"(Russell, 1959, pp. 118~

126). 비트겐슈타인은 심지어 "아마 이 책[『논고』]은 이 책 속에 표현된 사고들을 — 또는 어쨌든 비슷한 사고들을 — 스스로 이미 언젠가 해 본 사람만이 이해하게 될 것이다"라고 예견한다(*TLP*, 머리말).

머리말은 그 책에서 가장 덜 난해한 부분이다. 저자는 거기서 다음과 같이 주장한다:

> 이 책은 생각에 한계를 그으려 한다. 또는 차라리, 생각이 아니라 사고의 표현에 한계를 그으려 한다. 왜냐하면 생각에 한계를 그으려면 우리는 이 한계의 양쪽 측면을 생각할 수 있어야 (따라서 우리는 생각될 수 없는 것을 생각할 수 있어야) 할 것이기 때문이다. 그러므로 한계는 오직 언어에서만 그어질 수 있을 것이며, 그 한계 건너편에 놓여 있는 것은 단순히 무의미가 될 것이다.

그러므로 사유의 한계를 탐구하기 위해 언어의 한계를 탐구하는 것이 중요하다. 『논고』를 빨리 끝내려는 독자는 거기서 다음과 같은 요약을 마음에 간직할 수 있을 것이다:

> 이 책은 철학적 문제들을 다루고 있으며, 이러한 문제들을 문제로 제기함이 우리의 언어 논리에 대한 오해에 기인한다

는 것을 — 내가 믿기에는 — 보여 주고 있다. 이 책의 전체적인 뜻은 대략 다음의 말로 요약될 수 있을 것이다: 무릇 말해질 수 있는 것은 명료하게 말해질 수 있다; 그리고 이야기할 수 없는 것에 관해서는 우리들은 침묵해야 한다.

명료하게 말할 수 있는 것은 오직 자연 과학의 명제들뿐이며, "말할 수 없는 것에 관해서는 침묵해야 한다"(*TLP*, 7).

『논고』의 나머지는 접근하기 어려우며, 그 책이 관여하고 있다고 하는 논쟁들에 대한 지식과 비트겐슈타인이 머리말에서 언급하는 두 저자, 즉 현대 논리학의 아버지 고틀로프 프레게와 버트런드 러셀의 작업에 대한 지식을 전제한다.

1. 철학에서의 언어적 전환

철학에서의 언어적 전환은 분석철학의 탄생을 나타낸다. 그 것은 프레게에 의해 개시된 접근 방식으로, 언어 분석을 통해 철학적 문제를 다루는 데 있다(Dummett, 1991, pp. 111~112). 그 러나 일상 언어는 너무 부정확하고 우리를 오도하는데, 명제를 주어와 술어로 분해하는 아리스토텔레스의 논리학은 우리를 그런 오류들로부터 보호해 주지 못한다:

그래서 'is'[10]라는 낱말은 계사繫辭로, 등호等號로, 존재의 표현으로 보인다. '존재하다'는 '가다'처럼 자동사로, '동일한' 은 형용사로 보인다. 그리고 우리는 어떤 것에 관해서 이야 기하지만, 어떤 것이 일어난다는 것에 관해서도 이야기한다. (*TLP*, 3.323)

---

10 (옮긴이주) *TLP*에는 독일어 'ist'로 되어 있는데, 여기서는 영어로 표시한 다.

동사 "be(이다/있다)"[11]는 매우 다른 논리적 역할들로 쓰인다: 계사로서("소크라테스는 죽는다"), 동일성을 나타내기 위해서(오늘날은 구태의연한 러셀의 예를 되풀이하자면, "총각은 미혼인 남자이다"), 그리고 존재를 나타내기 위해서("살아 있어야 하는가, 말아야 하는가?"). 비트겐슈타인은 "명제의 외견상의 논리적 형식이 반드시 그것의 실제 형식은 아니라는 것을 보여 준"(*TLP*, 4.0031) 공적을 러셀에게 돌린다. 일상적 명제들의 논리적 형식 — 혹은 구조 — 은 통상 가려져 있다.

일상 언어는 인간 유기체의 일부이며, 그에 못지않게 복잡하다. 일상 언어로부터 그 언어의 논리를 직접 끄집어낸다는 것은 인간으로서는 불가능하다. 언어는 사고를 옷 입혀 가린다. 더욱이, 옷의 외부적 형태로부터는 그 옷 입혀진 사고의 형태를 추론할 수 없도록 그렇게 한다; 왜냐하면 옷의 외부적 형태는 신체의 형태를 인식시키는 것과는 전혀 다른 목적에 따라 형성되었기 때문이다. (*TLP*, 4.002)

예를 들면, "소크라테스는 죽는다"와 "총각은 미혼인 남자이다"라는 두 명제는 외관상 동일한 논리적 형식("A는 B다")을 지니지만, 실제로는 매우 다른 논리적 형식을 지니고 있다.

---

11 (옮긴이주) 독일어로는 'sein', 프랑스어로는 'être'.

첫 번째 명제의 형식은 "어떤 x가 존재하는데, x는 소크라테스이고 또 x는 죽는다는 속성을 지니고 있다"이다. 두 번째 명제의 형식은 다음과 같다: "모든 x에 대해, x가 미혼인 남자이면, 그리고 오직 그러면, x는 총각이다".

명제를 수학적 함수로 표기한다는 생각은 프레게에서 유래한다. 예를 들어, "고양이가 자고 있다"라는 명제는, "고양이"를 변항 x로 바꾸면, "f(x): x는 자고 있다"라는 함수로 표기할 수 있다. 이 표기법은 일상적인 글을 대체하기 위한 개념 표기법—또는 형식적인 글—이라는, 프레게가 1878년에 제안한 더 일반적인 기획에 속한다. 그것은 "언어의 쓰임으로 종종 거의 불가피하게 개념들의 관계에 관해 발생하는 착각들을 드러내 보임으로써, 즉 단지 언어적 표현 수단의 성질이 사고에 짐을 떠안기는 것으로부터 사고를 해방함으로써, 인간 정신에 대한 말의 지배를 벗어나는 것"을 자신의 과제로 하는 "철학자들에게 유용한 도구"(Frege, 1879, p. 8)이기를 바라는 글이다.

『논고』는 언어의 지배로부터 인간 정신을 해방하려는 이 기획에 포함된다. 그것은 언어와 실재 사이의 관계에 관한 탐구이며,—실재는 언어에 의해 파악되므로, 명제들의 실제 논리적 형식에 관한 탐구이며, 명제들이 실재의 구성 요소들과 연관되는 방식에 관한 탐구이다.

2. 『논리-철학 논고』의 존재론

『논고』의 세계는 "일어나는 모든 것"(*TLP*, 1)이다. 그것은 "사실들의 총체이지, 사물들의 총체가 아니다"(*TLP*, 1.1). 세계는 대상들(책, 탁자, 행성 등)의 총체가 아니라, 사실들(나는 책 한 권을 손에 들고 있다, 나는 탁자에 앉아 있다, 지구는 태양 둘레를 돈다 등)의 총체이다. 1919년 6월 28일에 비트겐슈타인에게 보낸 편지에서 프레게는 첫 번째 명제에서 멈춰서서는, 거기서 중요한 것이 세계에 관한 논제인지 아니면 정의인지를 알려고 고집한다. 게다가, "일어나는 모든 것"과 "사실들의 총체" 사이에 무슨 차이가 있다고 보아야 하는가? 아무 차이도 없다면, 하고 그는 묻는다, ── 아주 예외적으로 압축적인 책에서 왜 저자는 같은 말을 되풀이하는가? 프레게는 『논고』를 이해하지 못한 채로, 그리고 그 책에서 비트겐슈타인이 왜 자신의 "위대한 저작들"(*TLP* 머리말)을 언급했는지도 이해하지 못한 채로 1925년에 사망한다(Monk, 1990, p. 190).

사실은 "사태들의 존립"(*TLP*, 2)으로 정의될 수 있다. 사실과 사태의 차이는, 후자는 논리적으로 가능하지만, 사실임이 반드시 확인되어 있지는 않은 사실에 대응한다는 것이다. 논리적으로 가능한 사실은 그 개념이 모순적이지 않은 사실이다. 가령, 일각수一角獸는 논리적으로 가능하다. 즉 일각수라는 개념은 일각수들이 실제로 존재하지 않아도 모순적이지 않다. 반면에, 원의 형태를 지닌 정사각형은 그 개념이 모순적이기 때문에 논리적으로 불가능하다.

사태는 "대상들(실물들, 사물들)의 결합"이다(TLP, 2.01). 이 대상들은 "세계의 실체를 형성한다", 그리고 합성되어 있을 수 없다(TLP, 2.021). "대상은 단순하다"(TLP, 2.02), 그것은 가장 작은 단위, 즉 비트겐슈타인의 논리적 원자주의의 원자이다. 그것이 논리적 원자주의인 까닭은, 문제의 원자들이 물리적 원자들이 아니라 논리적 원자들이기 때문, 즉 그것들이 논리 법칙에 어긋나지 않을 "모든 상황들의 가능성을 포함"하기 때문이다(TLP, 2.014).

대상들은 서로 결합하여 사태를 이루는데, 이 사태 속에서 대상들은 "사슬의 고리들처럼 서로 걸려 있다"(TLP, 2.03). 대상은 "확고한 것, 존속하는 것이다; 배열[사태]은 변하는 것, 비영속적인 것이다"(TLP, 2.0271). 대상들은 서로 의존적인 반면에 "사태들은 서로 독립적이다"(TLP, 2.061). 즉 사태는 대상들의 우연적 결합이기 때문에, "한 사태의 존립 또는 비존립으로부터 다른 한 사태의 존립 또는 비존립이 추론될 수는 없다"
(2.062). "하나[의 사태]는 일어나거나 일어나지 않을 수 있고,
나머지 모든 것은 그대로 있을 수 있다." (*TLP*, 1.21).

비트겐슈타인은 사태의 존립을 "긍정적 사실"이라고 부르고,
사태의 비존립을 "부정적 사실"이라고 부른다. 그 두 유형의 사
실들이 합쳐 현실을 이루며(*TLP*, 2.06), "전체 현실이 세계이다"
(*TLP*, 2.063). 여기에 『논고』의 첫 번째 수수께끼가 있다: 세계
가 전체 현실이고, 또 이것이 사태들의 존립과 사태들의 비존
립으로 이루어진다면, 어떻게 세계가 단지 현실의 일부일 뿐인
"존립하는 사태들의 총체"(*TLP*, 2.04)라고 이해할 수 있는가?
아마 비트겐슈타인은 "존립하는 사태들의 총체는 어떤 사태들
이 존립하지 않는가를 또한 확정한다"(*TLP*, 2.05)라고 응답할
것이다. 그러나 세계가 현실의 일부이자 동시에 현실 전체로
보이는 한, 그것은 그 수수께끼를 완전히 풀지 못한다.[12]

---

12 (옮긴이주) 비트겐슈타인의 이야기가 수수께끼처럼 보이는 것은 그가 세
계를 '사실들의 총체'라고 하면서 '사실'을 '사태들의 존립'(*TLP*, 2)이라
고도 하고 '존립하는 사태들'(2.04)이라고도 한 데서 기인한다고 할 수 있
다. 두 규정은 비슷해 보이지만 그 부정이 함축하는 바가 서로 다르다. 전
자의 부정, 즉 사태들의 비-존립은 (부정적) 사실이지만, 후자의 부정, 즉
존립하지 않는 사태들은 비-사실이다. 그래서 예컨대 '지구는 둥글다'라
는 사태의 존립과 '지구는 항성이다'라는 사태의 비존립은 똑같이 사실로
서 현실 세계에 속한다. 그러나 '지구는 둥글다'는 존립하는 사태로서 긍정
적 사실이지만, '지구는 항성이다'는 존립하지 않는 사태로서 비-사실이
다(부정적 사실이 아니다). 사실들의 총체로서의 세계는 비-사실들을 배

3. 인과와 귀납, 그리고 미신

비트겐슈타인은 인과적 필연성의 관념을 거부하는 점에서 흄(그는 아마 흄을 읽은 적이 없을 것이다)과 일치한다: "우리는 미래의 사건들을 현재의 사건들로부터 추론할 수 없다. 인과 관계에 대한 믿음이 미신이다."(*TLP*, 5.1361) 미래에 관한 앎은 적법하지 않다. "태양이 내일 떠오르리라는 것은 하나의 가설이다; 그리고 이는 태양이 떠오를지를 우리가 알지 못한

제할 뿐, 긍정 부정의 모든 사실을 포함하는 전체 현실이다. 그러나 이것이 세계를 존립하는 사태들의 총체라고 하는 것과 상충하지는 않는다. (상충한다는 착각은 존립하는 사태들의 총체가 긍정적 사실들만을 확정한다고 생각할 때 생긴다.) 왜냐하면 사실들의 총체(1.1)이자 존립하는 사태들의 총체(2.04)로서의 세계는 비-사실들 즉 존립하지 않는 사태들을 또한 확정(1.12&2.05)하는데, 그러면 그 확정된 비-사실들의 부정, 즉 사실들의 총체에서 배제된 사태들의 비-존립이 부정적 사실로서 현실임이 또한 확정되기 때문이다. (부정적 사실, 즉 어떤 사태의 비-존립은 그 비-존립 사태의 부정과 같다.) 결국, 저 두 세계 규정은 실제로는 상충하지 않고, 같은 현실을 확정한다. 즉 사실들의 총체(1.1)로서의 세계는 존립하는 사태들의 총체(2.04), 혹은 이것이 확정하는 전체 현실(2.063)과 같은 세계인 것이다.

다는 것이다."(*TLP*, 6.36311).

모든 사건은 논리적으로 독립적이고, 이런 뜻에서 우연적이다. 유일한 필연성은 논리적 필연성이다: "다른 어떤 것이 일어났기 때문에 어떤 것이 일어나야 할 강제성은 존재하지 않는다. 오직 논리적 필연성만이 존재한다."(*TLP*, 6.37). 태양이 내일 뜨지 않는다는 것은 불가능하지 않지만, 하나의 일과 그 반대가 동시에 같은 관점에서 존재하는 것은 불가능하다. "필연성은 오직 논리적 필연성만이 존재하듯이, 불가능성도 오직 논리적 불가능성만이 존재한다"(*TLP*, 6.375).

""인과 법칙", 그것은 보통 명사이다"(*TLP*, 6.321). 그리고 정확히 말하자면, 그것은 법칙이 아니라(왜냐하면 그것은 우리에게 세계에 관해 아무것도 말해 주지 않기 때문이다), 오히려 "어떤 한 법칙의 형식"(*TLP*, 6.32)이다. 모든 사건이 어떤 원인에 기인할 수 있다고 규정함으로써, 그것은 과학 명제의 형식을 결정한다. 즉 '과학에서는 모든 사건이 어떤 원인을 지닌다'고 말이다. 마찬가지로, 과학의 근본적인 원리들, 즉 "근거율, 자연에서의 연속성의 원칙, 자연에서의 최소 소모의 원칙 등등과 같은 그 모든 원칙들, 그것들은 모두 과학의 명제들에 부여될 수 있는 가능한 형식에 관한 선천적a priori 통찰들이다"(6.34).

우리가 귀납이라고 부르는 것은 "우리가 우리의 경험들과 조화될 수 있는 가장 단순한 법칙을 받아들인다는 것에 있다. 그러나 이 과정은 논리적이 아닌 단지 심리적인 정초를 가질 뿐이다"(*TLP*, 6.363~6.3631).

비트겐슈타인은 근대성의 특징인 과학주의 혹은 "엄격한" 과학의 인식론적 제국주의를 비판한다:

> 근대적 세계관 전체에는 이른바 자연법칙들이 자연 현상에 관한 설명들이라는 착각이 그 밑바닥에 깔려 있다. 그래서 그들은 어떤 범할 수 없는 것 앞에서처럼 자연법칙들 앞에서 멈춰 선다; 마치 고대인들이 신과 운명 앞에서 멈춰 섰던 것처럼 말이다. 그리고 그들은 실로 둘 다 옳기도 하고 그르기도 하다. 그렇지만 새로운 체계가 마치 모든 것이 설명되는 듯 보이게 하려는 데 반해 고대인들은 분명한 종점을 인정한다는 점에서, 고대인들이 더 분명하다.(*TLP*, 6.371~6.372)

쇤바움스펠트Schönbaumsfeld(2007, p. 149)는 이 대목을 비트겐슈타인이 좋아하는 작가 중 한 사람이자 그가 1910년대에 발견한 키르케고르의 『철학적 부스러기에 부치는 최후의 비학문적 추신』(1846)과 비교한다: "세계를 '이른바 자연법칙'의 관점에서 보거나, 신의 의지 혹은 운명의 의지의 현시顯示로 보는 두 가지 다른 방식이 가능하다. 어느 쪽 관점도 최종적으로 정당화되거나 절대적으로 근거가 있을 수 없다." 그렇지만, "두 철학자는 종교적 관점이 과학적 관점보다 윤리적으로 우월하다고 믿는다. 왜냐하면, 그것은 분명한 한계를 인정함으로써 철학적 (혹은 과학적) 자만을 억제하기 때문이다"(Sullivan et Potter, 2013, p. 72).

과학은 사람들에게 자신의 운명에 대한 통제권을 제공하고 오래된 미신들로부터 해방을 보장하는 것과는 거리가 멀다; 그것은 사람들을 잠들게 하는 수단이다. 비트겐슈타인은 그의 철학적 이력 내내 과학주의에 대한 비판을 유지하게 된다. 1930년에 그는 에르네스트 르낭의 『이스라엘 민족사』의 한 구절에 대해 논평하는데, 거기서 르낭은 출생과 죽음 같은 삶의 현상들이 일으키는 놀람의 효과를 "이 현상들은 우리의 조직 안에 그 원인들을 갖는다"라고 하는 날카로운 의식과 대조한다. 비트겐슈타인은 "과학의 설명이 그 놀람을 없앨 수 있다고 믿는" 르낭을 비판한다.

놀라기 위해선 인간은 ─ 그리고 아마 민족들은 ─ 깨어나야 한다. 과학은 그를 다시 잠재우기 위한 수단이다. (*CV*, p. 36)

과학은 놀람을 '이해했다는 느낌'으로 대체하지만, 도대체 무엇이 이해되었는가? 과학은 경탄을 과학적 탐구의 단계에서는 발언이 허용되지 않는 "당연하지!"로 대체한다.[13]

---

13 (옮긴이주) 과학은 자연 현상들을 당연하게 보지 않음으로써 탐구를 시작하여 그것들을 과학이 찾아낸 원인과 법칙에 비추어 당연한 것으로 설명하는 데 이르지만, 이로써 (르낭이 믿었듯이) 그 자연 현상들이 더 평범해지거나 덜 놀랄 만하게 되는 것은 아니다.

4. 언어 그림 이론

『논고』에서 비트겐슈타인은 언어와 실재 사이에 전자가 후자를 반영하는 일종의 평행선 혹은 격자식 재현mise en abyme[14] 관계를 확립한다.

"우리는 사실들의 그림을 그린다"(*TLP*, 2.1), 그리고 "명제는 현실의 그림이다: 왜냐하면 내가 명제를 이해한다면, 나는 그 명제에 의해 묘사된 상황을 알기 때문이다. 그리고 명제의 뜻이 나에게 설명되지 않았어도, 나는 명제를 이해한다"(*TLP*, 4.021). 그림Bild은 꼭 시각적이거나 음향적인 모사는 아니다. 그것은 "현실의 모형"(*TLP*, 2.12)이며 "모사된 것과 어떤 것을 공통으로 지녀야"(*TLP*, 2.141~2.16)하는 하나의 사실이다. 그것은 "사태들의 존립과 비존립의 가능성을 묘사함으로써 현실

---

14 (옮긴이주) 미장아빔이란 문장紋章, 회화, 문학 등에서 어떤 것이 주된 문장이나 그림, 이야기 속에 마치 액자 속에 놓인 것처럼 놓여 그 주된 것을 비슷한 구조로 재현하는 것을 말하는데, 여기서는 특히 그 액자식 재현이 격자식 구조로 원래의 것과 정확히 일대일 대응하는 경우를 뜻한다고 할 수 있다.

을 모사한다"(*TLP*, 2.201). 그림의 "뜻"은 그림이 묘사하는 것으로, 가능성들의 "논리적 공간 속에 들어 있는 가능한 하나의 상황", 즉 논리적으로 가능한(모순적이지 않은) 하나의 상황이다(*TLP*, 2.202~2.221). 따라서 그림은 논리적으로 불가능한 상황을 모사할 수 없다. 그것은 "그것이 묘사하는 상황의 가능성을 포함한다"(*TLP*, 2.203). 그러나 그것은 가능하지만 현실 속에서 사실로 드러나지 않은 상황, 그러니까 옳지 않거나 잘못된 상황은 모사할 수 있다(*TLP*, 2.21).

그림은 양극적兩極的이다: 그것은 현실과 일치하느냐 않느냐에 따라, 참이든가 거짓이다(*TLP*, 2.21). 그림의 참과 거짓은 그림에 내부적이지 않다; 그것을 결정하려면 그림을 현실과 비교할 필요가 있다(*TLP*, 2.222~2.224). 그림의 요소들은 대상들을 대신하며, "특정한 방식으로 서로 관계되어 있다"(*TLP*, 2.131~2.14). 그림과 그림이 모사하는 것 사이에 구조적 대응이 있기 때문에, 우리들은 그림의 요소들 사이의 관계에서 사물들의 관계를 추론할 수 있다.

"현실의 그림"으로서의 명제

명제는 그림이며, 위에 열거된 모든 속성을 지닌다. 그것은 "우리가 생각하는 바와 같은 현실의 모형"이다(*TLP*, 4.01). 한

그림 이론이 처음 등장하는 비트겐슈타인의
1914년 9월 28일자 노트북(MS 101)

명제를 이해한다는 것은, 그것이 참이면 무엇이 일어나는지 안다는 것을 뜻하며, 그것이 참인지 거짓인지를 안다는 것을 뜻하지는 않는다(그것은 양극적이므로, 필연적으로 그 둘 중 하나이다). 명제의 뜻은 사실들에 앞선다(TLP, 4.024). 명제는 요소 명제이거나(복수의 요소 명제들로 이루어진) 복합 명제일 수 있다. 사태들처럼, 요소 명제들은 서로 독립적이다: "하나의 요소 명제로부터는 다른 어떤 요소 명제도 연역될 수 없다"(TLP, 5.134). 사태들이 대상들로 구성되는 것처럼, 요소 명제들은 이름들로 구성된다. 이것들은 대상들처럼 단순한 상징들이다. "이름은 대상을 의미한다. 대상은 이름의 의미이다"(TLP, 3.203). 이는 이 철학자가 나중에 『탐구』에서 비판하게 되는 의미 개념이다. 『논고』의 한 약점(논리적 원자주의를 약화시키는)은 그 저자가 대상의 존재는 필연적이며, 그렇지 않다면 세계는 아무런 실체를 갖지 않을 것(TLP, 2.0211)이라고 하면서도, 대상의 어떤 예도, 또 이름의 어떤 예도 제공하지 않는다는 것이다. 그는 이름들과 사물들이라는 가능한 가장 작은 수준에서가 아니라 요소 명제들과 사태들이라는 더 높은 수준에서 언어와 현실 사이의 관계를 설명할 것을 제안한다.

존립하거나 존립하지 않는 사태 각각(즉 긍정적이거나 부정적인 사실 각각)에는 요소 명제가 대응한다.[15] "가장 단순한 명제, 즉 요소 명제는 어떤 한 사태의 존립을 주장한다"(*TLP*, 4.21). "요소 명제가 참이면, 사태는 존립한다; 요소 명제가 거짓이면, 사태는 존립하지 않는다"(*TLP*, 4.25). 요소 명제는 사태의 "논리적 그림"(즉 논리적 형식을 지닌 그림)이다.

명제의 일반적 형식은 모든 명제에 공통적인 형식이며, 명제의 "본질"이다. 즉 어떤 것이 명제이기 위한 필요 충분 조건이다(Glock, 1996, p. 140)(*TLP*, 5.471). ─ "명제의 일반적 형식은 다음과 같다: 사정이 이러이러하다."(*TLP*, 4.5). 또는 "명제의 본질을 제시한다는 것은 모든 기술記述의 본질을 제시한다는 것을 뜻하며, 따라서 세계의 본질을 제시한다는 것을 뜻한다"(*TLP*, 5.4711). "사정이 이러이러하다"는 그러므로 세계의 본질이다. 그것은 사실 확인의 형식으로, 『논고』 첫 번째 명제의 "일어나는 모든 것"(*TLP*, 1)과 동일화된 세계로 우리를 돌려보내는 것이다.

---

15 (옮긴이주) 이 설명은 문제가 있다. 우선, 괄호 속의 '즉'이란 표현은 성립하지 않는다(앞의 주 11 참조). 또한 부정적 사실(사태들의 비존립)에는 요소 명제가 아니라 그것의 부정이 대응한다.

모사 형식

비트겐슈타인은 1차 세계대전 기간에 읽은 한 언론 기사에서 영감을 받아 자신의 언어 그림 이론을 구상한다. 그 기사는 법정 소송에서 어떤 교통사고가 축소 모형 자동차들의 도움으로 재현된 것을 기술하고 있었다. 그 장난감들의 위치와 그것들 사이의 공간적 관계는 사고에 연루된 차량들의 위치와 관계를 나타냈다. 그 장난감들과 자동차들이 공통으로 지닌 것, 그리고 그 덕택에 장난감들이 그 사고를 표현할 수 있는 것을 "모사 형식"이라고 부를 수 있을 것이다. 모사하는 것과 모사되는 것 사이에는 구조적 동일성, 즉 모사에 필요한 언어와 현실 사이의 조화를 가능하게 하는 "논리적 그림의 동형성同形性"이 있다(Glock, 1996, p. 215). 모사 형식은 또한 요소 명제가 그것이 모사하는 사태와 공유하는 것이며, 더 일반적으로는 "그림이 현실을 그림의 방식으로 ― 올바르게 또는 그르게 ― 모사할 수 있기 위해 현실과 공유해야 하는 것"(*TLP*, 2.17)이다. 그것은 또 "[주어진 사태에 속하는] 사물들이 그림의 요소들처럼 서로 관계되어 있을 가능성"(*TLP*, 2.151)이다. 그림이 현실에 연결되고 현실에까지 닿는 것은 모사 형식 내에서이다(*TLP*, 2.1511). 그림은 "현실에 잣대처럼 접해 있다"(*TLP*, 2.1512). 그리고 언어 자체, 명제들 전체는 그것이 모사하는 것과

"현실의 형식" 혹은 "세계의 확고한 형식"을 공유해야 한다 (*TLP*, 2.026, 2.18).

5. 말함과 보임

　말해질 수 있는 것과 보일 수 있는 것 사이의 구별은 『논고』의 핵심이며, 비트겐슈타인이 러셀에게 보낸 편지를 믿는다면, "철학의 중심 문제"이다(Monk, 1990, p. 164). "보일 수 있는 것은 말해질 수 없다"(*TLP*, 4.1212). 말해질 수 있는 것은 보일 수 없다는 것이 따라 나온다. 표현 가능한 것의 한계는 또한 사유 가능한 것의 한계이다: "무릇 생각될 수 있는 모든 것은 표현될 수 있다"[16](*TLP*, 4.116). 그러므로 오직 보일 수만 있는 것은 생각될 수 없다.

　그림처럼, "명제는 자신이 무엇을 말하는지를 보여 준다"(*TLP*, 4.461), 즉 자신의 뜻을 보여 준다. 명제는 "만일 그것이 참이라면 사정이 어떠한지를 보여 준다. 그리고 명제는 사정이 그러하다고 말한다"(*TLP*, 4.022). "고양이의 임신 기간은 64일

---

16 (옮긴이주) *TLP*, 4.116의 원문은 정확히는 다음과 같다: "무릇 생각될 수 있는 모든 것은 명료하게 생각될 수 있다. 언표될 수 있는 모든 것은 명료하게 언표될 수 있다."

에서 67일까지이다"라는 명제는 고양이의 임신 기간이 64일에서 67일까지라는 것은 참이라고 말한다.[17] 그리고 그 명제는 그것이 참일 때 사정이 어떠한지를 보여 준다.

동어반복과 모순들은 명제의 한계적 경우를 나타낸다(*TLP*, 4.466). "정당한 권리를 지닌" 명제들처럼, 동어반복과 모순들은 양극적이다: 전자는 항상 참이고, 후자는 항상 거짓이다. 그리고 그것들은 "정당한 권리를 지닌" 명제들처럼 뜻의 가능성을 갖추고 있지만(*TLP*, 4.4611), 그것들의 뜻은 비어 있다. 그것들은 뜻이 없다(sinnlos). "비가 오거나 오지 않는다"는 것을 아는 것은 날씨가 어떠한지에 관해 나에게 아무런 정보를 가져다주지 않는다. 그리고 "정당한" 명제들과는 반대로, 동어반복과 모순들은 "현실의 그림이 아니"(*TLP*, 4.462)며, 아무것도 모사하지 않는다. 그것들은 "자신들이 아무것도 말하지 않음을 보여 준다"(*TLP*, 4.461).

상당히 전문적인 한 단락에서 비트겐슈타인은 자신의 "근본 사상"이라고 일컫는 것을 내놓는다: "나의 근본 사상은, '논리적 상항들'은 대신하지 않는다는 것이다. 즉, 사실들의 논리

---

17 (옮긴이주) 원문은 언급된 명제가 "고양이의 임신 기간은 64주에서 67주까지라고 말하는 것이 아니라, 고양이의 임신 기간은 64주에서 67주까지라는 것이 참이라고 말한다"라고 되어 있는데, 이는 (고양이의 임신 기간을 '일'이 아니라 '주'로 말한 것과 마찬가지로) 착오로 보인다. 이 둘은 같은 말이다.

가 대신될 수는 없다는 것이다"(*TLP*, 4.0312). 논리적 상황들 (양화사들과 "≡", "~", "∨" 같은 명제 연결사들)은 함수(프레게)도 아니며 논리적 대상들(러셀)도 아니며, 아무것도 대신하지 않는다. 논리의 진술들은 논리의 플라톤적 세계를 기술하지 않는 동어반복들이다. 러셀이 수학과 철학을 그 위에 정초하고자 한 논리는 말하지 않고 보여 준다는 점에서 과학과 구별된다. 논리는 "자기 자신을 돌보지 않으면 안 된다"(*TLP*, 5.473), 그리고 침묵을 지켜야 한다. 그러나 자신의 "근본 사상"에 비트겐슈타인은 왜 주 명제 4의 주석의 주석이 되는 번호(4.0312)를 할당했는가? 우리들이 거기서 이 "근본 사상"의 가치와 "철학적 진리 일반의 가치"에 대해 독자가 반성하게끔 하려고 하는 문학적 방식을 볼 수 있다고 하더라도, 신비는 그대로 남는다(Lazenby, 2006, p. 63).[18]

---

18 (옮긴이주) 『논고』의 명제 1에 달린 비트겐슈타인의 주석 참조. 『논고』는 아래의 도표를 거꾸로 했을 때 명제 1, 2, 3, 4, 5, 6, 7을 주된 줄기로 하여 가지들이 전개되는 나무 형태의 구조를 지닌다고 할 수 있는데, 이러한 『논고』의 서술 구조에서 명제 번호들이 암시하는 것은 각 명제에 놓인 역점力點, 혹은 '논리적 무게'이고, 이는 반드시 그 명제의 중요성과 일치하지는 않는다. (그 둘을 동일시하면, 왜 주석의 주석의 위치에 있는 명제가 '근본 사상'으로 불릴 수 있는지 이해하기가 어려워진다.) '근본 명제' 4.0312는 말하자면 『논고』라는 나무의 한 가지 끝에 달린 열매, 더 정확히는 그 속의 씨앗 같은 것으로 생각할 수 있을 것이다. 그것은 그 나무의 가지 끝에 있어 상대적으로 가벼운 논리적 무게를 지니지만, 그 씨앗은 논고의 탄생을 위해 근본적인 중요성을 지닌다. (아래 도형은 Luciano Bazzocchi

언어는 사실들로 이루어진 세계를 반영한다. 그러므로 그것은 사실에 속하지 않는 일체의 것을 표현하는 데는 무력하다. 도덕적이거나 심미적인 가치를 표현하려다 자연적 사실들을 넘어서려고 시도하는 진술들은 참이지도 거짓이지도 않은, 무의미한unsinnig 사이비 명제들이다. 그러므로 그것들은 뜻이 비었지만 "무의미하지는 않은"(*TLP*, 4.4611) 모순들 및 동어반복들과 구별된다.

그러면 철학 일반의 진술들, 그리고 특히 『논고』의 진술들에는 어떤 지위가 주어지는가?

가 편집한 『논고』 100주년 기념판의 머리말에 있는 것을 빌린 것이다.)

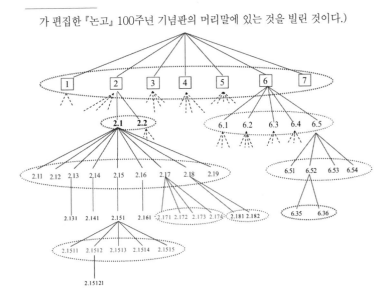

6. "구체제"의 철학과 비트겐슈타인의 철학

비트겐슈타인에게는 『논고』의 진술들을 포함하여 모든 철학적 진술은 무의미한 사이비 명제들이다(이는 조금이라도 적극적인 학설을 비트겐슈타인은 결코 옹호한 적이 없다고 여기는 신 비트겐슈타인주의자들의 독해 같은 독해를 허용한다). 『논고』의 사이비 명제들은 "세계를 올바로 보기 위해 넘어서야 하는" 뜻풀이들이다. 자신과 같은 생각을 지녔기 때문에 자신을 이해하는 독자를 두고 비트겐슈타인은 말한다:

> 만일 그가 나의 명제들을 통해 — 나의 명제들을 딛고서 — 나의 명제들을 넘어 올라간다면, 그는 결국 나의 명제들을 무의미한 것으로 인식한다. (그는 말하자면 사다리를 딛고 올라간 후에는 그 사다리를 던져 버려야 한다.) (*TLP*, 6.54)

게다가, 그 작품 자체는 설득을 목표로 하지 않고, 기쁨이라는 언표 불가능한 경험을 획득하는 것을 목표로 한다:『논고』

는 "교과서가 아니다. — 이 책의 목적은 이 책을 읽고 이해하는 어떤 한 사람에게 즐거움을 준다면 달성될 것이다"(*TLP*, 머리말). 우리는 비트겐슈타인이 "철학"이란 말을 사용하는 데서 모종의 의미론적 혼란을 확인할 수 있다. 우리는 (한편으로는) 보일 수만 있는 것을 말하려고 하는 "구체제의" 철학과 (다른 한편으로는) 하나의 이론이 아니라 그 목적이 "사고의 논리적 명료화"(*TLP*, 4.112)라는 활동인 "신체제의" 혹은 비트겐슈타인의 철학을 구별할 수 있다.

그래서 비트겐슈타인은 자연 과학의 방법론과 구별되는 철학 자신의 방법론을 인정하는 고전적 철학관과 철학은 "그것에 관해서 사람들이 당장은 속견만을 지니고 아무것도 알지 못하는 과학의 일부"(Russell, 2010, p. 124)라는 1918년도 러셀의 철학관을 동시에 거부한다. "신체제"의 철학은 "자연 과학의 분쟁 가능한 영역을 한계 짓는다"(*TLP*, 4.113). 그리고 비트겐슈타인이 『논고』에서 하듯이, "생각될 수 있는 것을 경계 짓고, 그로써 생각될 수 없는 것을 경계 지어야 한다"(*TLP*, 4.114). 그것은 "말할 수 있는 것을 명료하게 묘사함으로써, 말할 수 없는 것을 암시"(*TLP*, 4.115)한다.

"철학적 작업["신체제"]은 본질적으로 뜻풀이들로 이루어진다. 철학의 결과는 "철학적 명제들"이 아니라, 명제들이 명료해짐이다. 철학은 말하자면 흐리고 몽롱한 사고들을 명료하게 하고 명확하게 경계 지어야 한다"(*TLP*, 4.112). 그렇지만 이러한 기술은 세계와 현실, 그리고 언어에 관한 독단적 태도와 주장들로 해서 온통 "구체제" 철학 작품의 분위기를 지닌 『논고』에 전혀 상응하지 않는다. 『논고』에 대한 러셀의 서론에서 시작하여, 주석가들은 빠르게 비트겐슈타인의 수행적 모순을 지적하였다.

어떤 철학 방법?

말해질 수 있는 것, 그러므로 자연 과학의 명제들 — 그러므로 철학과는 아무 상관없는 어떤 것 — 이외에는 아무것도 말하지 말고, 다른 사람이 형이상학적인 어떤 것을 말하려고 할 때는 언제나, 그가 그의 명제들에 있는 모종의 기호들에 아무런 의미도 부여하지 않았음을 알려 주는 것, — 이것이 본래 철학의 올바른 방법일 것이다. 이 방법은 그 다른 사람에게는 불만족스럽겠지만 — 그는 우리가 그에게 철학을 가르쳐 주었다는 느낌을 갖지 않겠지만 — 이 방법이 유일하게 엄격히 올바른 방법이다. (*TLP*, 6.53)

사이비-문제들을 사라지게 하기 위해서는 철학적 (사이비-) 명제들의 논리적 해명을 수행하는 게 중요하다. "구체제" 철학의 고전적 문제들을 해결하려고 헛되이 애쓰기보다는, 더 생산적인 전략은, 문제가 되는 것이 사이비-문제들, 즉 어떤 무의미한 기호들이 포함된 문제들이라는 것을 보이는 데 있다. 이일은 철학에 가득 차 있는 "근본적인 혼동들"로부터 우리를 해방하기 위해 일상 언어를 표기하려고 발명된 기호 언어의 도움으로 쉬워질 수 있을 것이다(*TLP*, 3.324, 3.325). 프레게의 개념 표기법은 그런 기호 언어의 한 불완전한 예이다(*TLP*, 3.325).

예를 들어 누군가가 선에 관해서나 악에 관해 말한다면, 비트겐슈타인은 그에게 이러한 말들이 무의미하다는 것을 보여주려고 노력할 것이다. 왜냐하면 그것들은 사실이 아니라 가치의 영역에 속하고, 또 언어는 사실들만을 표현할 수 있기 때문이다. 그러므로 그 대화 상대는 자신이 무엇을 말하는지 알지 못하며, 아무것도 말하는 것이 없다. 적어도 그의 말 일부는 실제로는 아무것도 지시하지 않으니까 말이다.

철학적인 것들에 관해 씌어 있는 대부분의 명제들과 물음들은 거짓이 아니라 무의미하다. 그런 까닭에 우리는 이런 종류의 물음들에 대해 결코 대답할 수 없고, 다만 그것들의 무의미성을 확인할 수 있을 뿐이다. 철학자들의 물음이나 명제들은 대부분, 우리가 우리의 언어 논리를 이해하지 못하는 것에 기인한다. (그것들은 선善이 미美보다 다소 동일한가

하는 물음과 같은 종류이다.) 그리고 가장 깊은 문제들이 실제로는 아무 문제도 아니라는 것은 놀라운 일이 아니다. (*TLP*, 4.003)

철학적 문제들은 그러니까 해결되는 것이 아니라 해소되는 것이다.

이러한 입장은 학설로서의 철학의 종언을 의미한다. 그러나 비트겐슈타인이 소망하는 철학자가 실직 상태에 처할 일은 없다. "신체제" 철학자는 "우리의 언어 논리에 대한 오해"(*TLP*, 머리말)라는, 우리에게서 사라질 일 없는 흔한 질병을 치료할 임무를 맡은 일종의 의사이다.

7. "형이상학적 자아"와 유아주의

"생각하고 표상하는 주체는 존재하지 않는다"(*TLP*, 5.631). 세계 안에는, 사유하는 심리학적 주체가 없다. 의식은 있지만, 의식하는 자는 없으며, 생각은 있지만, 생각하는 자는 없다. 또는 적어도, 생각하는 자는 세계에 속하지 않는다. 왜냐하면 세계 속 어디에서 주체가 발견될 수 있는가? "만일 내가『내가 발견한 대로의 세계』라는 책을 쓴다면, 그 속에서 나는 나의 몸에 관해서도 보고하고, 어느 부분들이 나의 의지에 종속되고 어느 부분들이 종속되지 않는지 따위도 말해야 할"것이다(*TLP*, 5.631). 나는 나의 행동과 몸의 움직임을 관찰하지만, 결코 주체를 만나게 되지 않을 것이다. "주체는 세계에 속하지 않는다. 그것은 오히려 세계의 한 한계이다"(*TLP*, 5.632). 그것은 세계에 속하지 않으므로, "형이상학적"이라고 할 수 있다. 그것은 철학적 자아인데, 이 자아는 "인간이 아니며, 인간 신체가 아니며, 또는 심리학이 다루는 인간 영혼도 아니다. 그것은 형이상학적 주체, 세계의 한계—세계의 일부가 아니라—이다"(*TLP*, 5.641).

형이상학적 주체와 세계는 "눈과 시야의 관계처럼" 있다
(*TLP*, 5.633). 자신의 눈은 보이지 않으며, "시야 속에 있는 어떤
것도, 그것을 어떤 눈이 보고 있다는 추론을 허용하지 않는다"
(*TLP*, 5.633). 나의 시야는 그것이 나의 시야라는 점에서 결정된
다. 나의 시야 속의 어떤 것도 내가 그것을 보고 있다는 결론을
허용하지 않더라도 말이다. 마찬가지로, 세계에 그 형식을 주는
것은 형이상학적 주체이다. "자아는 '세계는 나의 세계이다'라
는 점을 통해 철학에 들어온다"(*TLP*, 5.641). 내가 "세계"라고
부르는 것은 실제로는 나의 세계이다. 그러나 나의 것이 아닐
세계는 있을 수 없으므로, "나의"라는 소유사所有詞는 불필요
하다. 세계는 나의 세계이다. 그리고 『논고』의 세계는 일종의
"우주적 망명" 가운데 자신이 완전히 혼자 있다고 느끼는 고독
한 탐험가 비트겐슈타인의 세계이다(Gellner, 1998, p. 59).

유아주의의 언표 불가능한 진리

비트겐슈타인의 절묘한 솜씨는 형이상학적 주체가 주체 없
는 세계의 경계라는 그의 이론과 오직 주체만이 존재한다고 주
장하는 유아주의를 동시에 양립시킨 데 있다. 그는 쇼펜하우어
의 영향을 받아, "유아주의가 엄격히 관철되면 그것은 순수한
실재주의와 합치된다"(*TLP*, 5.64)라고 주장한다. 어떻게 그러

한 일치가 가능한가? 그것은 의심할 여지 없이 비트겐슈타인이 십 대 때 읽었던 『의지와 표상으로서의 세계』에 대한 언급이다. 쇼펜하우어는 여기서 버클리의 결론을 수용하여 다음과 같이 말한다: "모든 대상은, 그 근원이 어떠하건 간에, 대상으로서 이미 주체에 의해 제약되어 있다. 즉 본질적으로 주체의 표상일 뿐이다[여기서 우리들은 세계에 그 형식을 주는 것은 형이상학적 주체라는 관념을 발견한다]. 실재주의의 목표점은 바로 주체 없는 대상이다"(Schopenhauer, 1818, p. 148). 이것은 "연장 없는 점으로 수축되는"(*TLP*, 5.64) 형이상학적 주체와 동격으로 남는 실재인 것이다.

유아주의는 언표 불가능하다. "유아주의가 뜻하는 것은 전적으로 옳다. 다만 그것은 말해질 수는 없고, 드러날 뿐이다"(*TLP*, 5.62). 유아주의가 참이면, 오직 주체만이 존재한다. 그러나 『논고』는 사실들로 이루어진 세계에 관해 말한다. 그러면 세계는 어떻게 존재할 수 있는가? 모순은 주체를 세계(=주체의 세계)와 동일화하는 것으로만 풀릴 수 있다:―"나는 나의 세계이다"(*TLP*, 5.63). "또한 죽으면서 세계는 바뀌는 것이 아니라 끝이 난다. 죽음은 삶의 사건이 아니다. 죽음은 체험되지 않는다. (⋯) 우리의 삶은 우리의 시야가 한계가 없는 것과 마찬가지로 끝이 없다"(*TLP*, 6.431~6.4311). 그러나 우리의 철학자는 여기서 세계가 아니라 독특한 의식의 흐름에 관해 마치 그것이 세계인 것처럼 말을 이어 나가는 듯 보이는데, 이것을 겔너는 그의 "자폐증" 탓으로 돌린다(Gellner, 1998, p. 63).

8. 비트겐슈타인과 비엔나 학단: 많은 오해

1929년에 비엔나 학단은 비엔나에서 "과학적 세계관: 비엔나 학단"이란 제목하에 실증주의 선언문을 공표한다(Soulez, 1985). 비트겐슈타인은 여기서 (러셀과 아인슈타인과 함께) 그들의 "세계적 대표자" 가운데 인용되지만, 그것은 커다란 오해의 대가를 치른다. 확실히, 실증주의자들은 형이상학과 윤리학의 진술들이 무의미하다는 생각을 비트겐슈타인과 공유했다. 그들의 선언문은 심지어, "신이 존재한다"라는 진술은 "신"이란 낱말이 감각에 접근 가능한 경험적 소여에 연결될 수 없는 한에서 무의미하다는 것을 보여 주겠다고 제안한다. 그러나 비트겐슈타인과 실증주의자들 사이의 일치는 거기서 멈춘다. 파울 엥겔만은 그 오해를 다음과 같이 기술한다: "모든 세대의 신봉자들이 비트겐슈타인을 실증주의자로 간주할 수 있었는데, 왜냐하면 그가 실증주의자들과 굉장히 중요한 어떤 것을 공유했기 때문이다: 그는 우리가 말할 수 있는 대상과 우리가 침묵해야 하는 대상 사이에 꼭 그들처럼 선을 그었다. 차이는 단지, 그들은 침묵해야 할 대상이 없다는 것이었다. 실증주의는 우리가 말할 수 있는 대상이 삶에서 정말 중요한 모든 것이라고 여긴다. 그리고 이것이 실증주의의 본질이다. 반면에 비트겐슈타인은, 인간 삶에서 정말 중요한 모든 것은 정확히, 그의 견해에 따르면, 우리가 침묵해야 하는 대상이라고 열렬히 믿는다"(Friedlander, 2001, p. 2).

1927년에 비트겐슈타인은 독일의 물리학자이자 철학자로 비엔나에 정착하여 자신의 주위에 물리학자와 수학자, 그리고 철학자들의 비공식 그룹―나중에 비엔나 학단이 되는―을 모이게 한 모리츠 슐릭을 만난다. 슐릭은 1922년에『논고』를 읽은 최초의 사람들 중 한 사람이 되었다. 그리고 카르납(1963, p. 23)은 자신의 지적 자서전에서 비엔나 학단이 어떻게『논고』를 한 명제 한 명제 논의하면서 읽었는지를 이야기한다.

비트겐슈타인은 아직 비엔나 학단에 속하지 않았고, 그들의 정규 모임에 참석하기를 거부했다. 그는 단지 매주 월요일 저녁 엄격한 기준으로 뽑힌 몇 명의 회원들을 만나는 데 동의했다. 그들은 모리츠 슐릭, 프리드리히 바이스만, 루돌프 카르납, 그리고 비엔나의 철학자 헤르베르트 파이글이었다. 이 모임이 가능한 것은 오직『논고』저자의 예민한 성격을 건드리지 않으려고 슐릭이 부과한 원칙 덕이었다: 회원들은 비트겐슈타인이 자기가 원하는 것에 관해 말하게 하고, 경우에 따라서는 해명을 요구하는 약간의 질문을, 반드시 공손하게, 하라는 지시를 받았다(Carnap, 1963, p. 24). 때때로 비트겐슈타인은 철학에 관해 이야기하기를 거부하고 라빈드라나트 타고르의 시를 낭송하기 시작했고, 당황한 참가자들에게 그의 등을 돌렸다. 비엔나 학단은 통일된 과학을 목표로 한 반면, 비트겐슈타인은 과학과 수학에 대해 경멸로까지 갈 수 있는 무관심을 표현했다. 진실로 중요한 유일한 것은, 우리들이 말할 수 없는 것이지만 문학은 보여 줄 수 있는 것이었다. 그럼에도 불구하고, 비엔나 학단은 그의 생각을 대중에게 설명할 사명을 부여받았다고 느꼈다. 이러한 목적으로, 바이스만은 비트겐슈타인의 동의를 얻어 책을 준비했다. 몇 년 동안의 많은 수정 후에, 이 책은 출판되지 않고 폐기되었다.[19] 비트겐슈타인은 "나는 내 생각이 '통속적인' 형식으로 표현되는 것을 보고 싶지 않다"라고 선언하면서 끝내 버렸다(Carnap, 1963, p. 27).

비엔나 학단은 '언어'에 관한 『논고』의 명제들을 이상적 언어에 관계되는 것처럼 해석했는데, 이는 『논고』에 대한 서론에

---

[19] (옮긴이주) 그러나 바이스만의 이 책은 나중에(1976년) R. 하레에 의해 편집되어 "논리, 언어, 철학(Logik, Sprache, Philosophie)"이라는 제목으로 출판되었다. 그리고 이 책의 원자료라고 할 수 있는 비트겐슈타인의 구술이나 그와의 대담 혹은 토론들에 대한 바이스만의 기록은 2003년 비트겐슈타인과 바이스만을 공동 저자로 하여 "비트겐슈타인의 목소리: 비엔나 학단(The Voices of Wittgenstein: The Vienna Circle)"이란 제목으로 G. 베이커에 의해 편집 출판되었다.

서 러셀이 범하고 비트겐슈타인이 이의를 제기한 독해 오류와 같은 오류였다. 그리고 비트겐슈타인은 에스페란토어와 같은 "인공적" 언어를 "역겨운" 것으로 보았다. (카르납은 청소년기부터 에스페란토어 신봉자였다). 학단은 또한, 명제의 논리적 구조와 명제와 명제가 표현하는 사실 사이의 관계처럼, 비트겐슈타인이 언표 불가능하다고 선언한 어떤 것들을 기술하려고 하면서 『논고』를 거역하였다.

마지막으로, 학단의 회원들이 [비트겐슈타인에 대한] 슐릭의 유보 없는 전적인 찬탄을 공유한 것은 아니었다. 오토 노이라트는 "비트겐슈타인의 신비주의적 태도와 그의 '언표 불가능한 것'과 '더 높은 것'에 관한 철학에 대해 매우 비판적"이었다 (Carnap, 1963, p. 27).

비트겐슈타인과 비엔나 학단: 카르납의 회고적 시각

카르납은 비트겐슈타인과 비엔나 학단의 관계를 다음과 같이 증언한다:

"이전에 우리가 비트겐슈타인의 책[『논고』]을 우리 학단에서 읽고 있었을 때, 나는 형이상학에 대한 그의 태도가 우리와 비슷하다고 잘못 믿었었다. 나는 신비스러운 것에 관해 그가 그 책에서 한 진술들에 충분히 주의를 기울이지 않았었는데, 왜냐하면 이 영역에서 그의 느낌과 생각들은 나와 너무 달랐기 때문이었다. (⋯) 나는 형이상학에 관한 그의 양면성은 그가 자신의 인격 내부에서 깊고 고통스럽게 겪은 더 근본적인 내적 갈등의 단지 특별한 측면이라는 인상을 받았다." (Carnap R. [1963], p. 27)

카르납은 비트겐슈타인의 인격과 철학 스타일에 관해서는 이렇게 쓰고 있다:

"일반적으로 그는 호감이 가는 기질을 지녔으며 매우 친절했다; 그러나 그는 과민했으며 쉽게 짜증을 냈다. 그가 말하는 것은 무엇이건 언제나 흥미로웠고 자극을 주었다. 그리고 그가 그것을 표현하는 방식은 종종 매혹적이었다. 사람들과 문제들에 대한 그의 관점과 태도는, 심지어 이론적 문제들에 대해서조차도, 과학자보다는 창조적 예술가의 관점이나 태도와 비슷했다; 종교적 예언자나 선지자의 관점이나 태도와 비슷했다고 거의 말할 수 있을 것이다. 그가 어떤 구체적인 철학 문제에 관해 자신의 견해를 정식화하기 시작할 때, 우리는 종종 바로 그 순간 그의 속에서 일어나는 내적 투쟁을 느꼈다. 그 투쟁으로 그는 극심하게 고통스러운 압박에서 어둠을 뚫고 빛으로 나아가려고 애썼고, 이는 아주 표정이 풍부한 그의 얼굴에서 보이기도 했다. 마침내, 때로는 오래 걸리는 끈질긴 노력 후에, 그의 대답이 나왔을 때, 그의 진술은 새로 창조된 하나의 예술 작품이나 신적 계시처럼 우리 앞에 놓였다. 이는 그가 자신의 견해들을 독단적으로 주장했다는 말이 아니다. (…) 그러나 그가 우리에게 준 인상은 마치 그의 통찰이 신적 영감을 통해서 온 것 같았고, 그래서 우리는 그것에 대한 어떤 냉철한 이성적 논평이나 분석도 신성 모독일 것이라고 느낄 수밖에 없었다. 이처럼 철학적 문제들에 대한 비트겐슈타인의 태도와 슐릭과 나의 태도 사이에는 두드러진 차이가 있었다."(Carnap R. [1963], pp. 25~26)

비트겐슈타인에게 인격과 기질의 이러한 차이는 견딜 수 없는 것들이었다. 그는 카르납의 공손하지만 지속되는 문제 제기를 잘 참지 못하고 1929년에 그와 관계를 끊기로 결정한다. 비트겐슈타인은 (적어도 지적으로는 점점 그의 지배 아래에 있게 된) 슐릭에게 자기는 자기 손을 잡아 줄 사람하고만 이야기할 수 있다고 말하게 된다. 3년 뒤 1932년에 비트겐슈타인은 카르납이 철학 잡지 『인식』(*Erkenntnis*)—비엔나 학단의 생각을 전파하기 위한 기관지로, 카르납이 라이헨바흐와 함께 공동편집인을 맡고 있었다—에 발표한 한 논문에서 자신의 생각을 표절했다고 카르납을 비난한다. 카르납은 이를 부인하고, 자신은 푸앵카레에게 영감을 받았다고 주장한다. 이 일화는 비트겐슈타인이 자기 주변에 있는 철학자들의 연구 성과에 대해 지녔던 관계를 전형적인 방식으로 예시한다. 즉, 혹자가 그를 인용하면서 그의 생각들을 빌리고, 그러면 그는 (러셀의 『수학 철학 입문』에 대해 그리했듯이) 자신이 이해되지 않았다고 여기든지, 아니면 혹자가 그를 인용함이 없이 그의 생각들을 빌렸다고 여기고, 이를 표절로 비난하든지 하는 것이다.

III. "더 높은 것": 윤리, 신비, 미학

세계의 뜻은 세계 밖에 놓여 있지 않으면
안 된다. 세계 속에서 모든 것은 있는 바대
로 있으며, 모든 것은 일어나는 바대로 일
어난다; 세계 속에는 가치가 존재하지 않
는다. (…) 그렇기 때문에 윤리학의 명제
들도 존재할 수 없다. 명제들은 더 높은 것
을 표현할 수 없다. (*TLP*, 6.41~6.42)

더 높은 것은 가치와 신의 영역, 즉 윤리와 미학, 그리고 신비
에 속한다. 논리처럼, 그것은 말해질 수는 없고, 보일 수는 있
다. 그러나 실재가 사실들—그것들이 긍정적이든 부정적이든
—의 총체일 뿐일 때, 이 "더 높은 것"의 존재론적 지위는 무엇
인가? 이에 관해 비트겐슈타인은 우리에게 더 말하지 않는다.

1. 언표 불가능한 윤리

1919년 11월 10일 자로 루트비히 폰 피커(저력 있는 편집자)에게 보낸 유명한 편지에서 비트겐슈타인은 자신의 작품이 두 부분으로 이루어져 있다고 명확히 말한다. 즉 한 부분은 글로 쓰인 부분(『논고』)이고 다른 한 부분은 글로 쓰이지 않은, 그리고 정확히 "중요한 부분"으로서, 『논고』는 (사유와 언어의 한계들처럼) "윤리의 한계들을 내부로부터" 긋고 있다는 것이다(Monk, 1990, p. 178).

윤리는 가치에 관한 것이고 사실에 관한 것이 아니므로, 윤리는 언표 불가능하다. 비트겐슈타인은 1929년에 케임브리지로 돌아온 지 몇 달 후에 행한 "윤리학에 관한 강의"에서 자신의 입장을 다음과 같이 요약한다:

저는 저의 느낌을 다음과 같은 은유로 기술할 수 있을 뿐입니다. 즉 만일 어떤 사람이 실제로 윤리에 관한 책인 윤리학 책을 쓸 수 있다면, 이 책은 세상에 있는 다른 모든 책들을 폭음을 내면서 파괴할 것이라고 말입니다. 우리가 과학에서 사용하는 바와 같이 사용되는 우리의 말들은 의미와 뜻, 즉 자연적 의미와 뜻을 포함하고 전달할 수 있을 뿐인 그릇들입니다. 윤리는, 만일 그것이 어떤 것이라면, 초자연적입니다. 그리고 우리의 말들은 오직 사실들만을 표현할 것입니다. 제가 하나의 찻잔에 일 갤런의 물을 쏟아부어도, 그 찻잔은 한 잔의 찻잔 가득할 만큼의 물만을 담을 것처럼 말입니다.(『소품집』, p. 31)

"윤리가 언표될 수 없다는 것은 분명하다. 윤리는 초월적이다. (윤리와 미학은 하나이다.)"(*TLP*, 6.421). 이 명제를 더 잘 이해하기 위해서는, 비트겐슈타인이 제1차 세계대전 중에 썼으며 그 속에 『논고』에 의해 채택되는 수많은 생각이 작성되어 있는 일기인 『노트북』의 견지에서 이 명제를 읽는 것이 유익할 것이다. 만일 이 철학자가 "윤리는 초월적transcendental이다"라고 쓰면서 그걸로 윤리는 표현 가능한 것의 영역과 따라서 인식 가능한 것의 영역을 넘어서 있다는 것을 말하고자 했다면, 왜 그는 그가 『노트북』(*NB*, 1916.7.30)에서 말한 것처럼 "윤리는 초험적transcendent이다"라고 말하지 않았는가? "초월적"을 "가능성의 조건들"을 가리키는 칸트적인 뜻으로 해석해야 하는가? 실은, 논리도 초월적이다(*TLP*, 6.13). 논리는 확실

히 언표 불가능하지만, 또한 언어와 세계의 가능성의 조건이기
도 하다.

사람들은 일찍이, 논리 법칙에 어긋나는 것만 제외한다면
신神은 모든 것을 창조할 수 있노라고 말했다.—요컨대 우리
는 "비논리적" 세계에 관해서는 그 세계가 어떻게 보일지 말
할 수 없을 것이다. (*TLP*, 3.031)

윤리는 그러므로 세계 가능성의 한 조건일 것이다(Schulte,
1992, p. 6). 어떤 주석가들은 긍정적으로 대답한다(Tranøy,
1973).

만일 윤리가 진술될 수 없다면, 어떻게 살 것인가? 윤리가 해
답을 제시하기를 바라는 실존적 난점들을 어떻게 풀 것인가?
"사실들은 모두 단지 과제에 속할 뿐, 해결에는 속하지 않는
다"(*TLP*, 6.4321). 사실들은 삶의 문제에 어떤 대답도 제공하지
않는다. 이 물음들은 이론의 도움으로 풀리지 않고, 그 문제들
이 사라지게 삶의 양식을 바꿈으로써 풀린다.

삶의 문제의 해결은 삶의 문제의 소멸에서 인지된다. (이것
이, 오랫동안의 회의 끝에 삶의 뜻을 분명하게 깨달은 사람
들이 그 뜻이 어디에 있는지 말할 수 없었던 이유가 아닐까?)
(*TLP*, 6.521)

자살, 근본적인 윤리 문제

『노트북』에서 근본적인 윤리 문제는 자살 문제다:

"자살이 허용된다면, 모든 것이 허용된다. 어떤 것이 허용되지 않는다면, 자살은 허용되지 않는다. 이것은 윤리의 본질에 빛을 던진다. 왜냐하면 자살은 말하자면 기본적인 죄이기 때문이다." (*NB*, 1917.1.10)

이러한 고찰은 즉시 의문에 부쳐지는데, 비트겐슈타인은 자신이 언어의 한계들을 넘었다는 것을 깨닫고, 사실들의 가치론적 중립성을 상기한다:

"또는 자살도 그 자체는 선하지도 악하지도 않지 않은가!" (*NB*, 1917.1.10)

그러나 어떻게 자살이 "기본적인 죄"일 수 있을까? 이에 관해 비트겐슈타인은 우리에게 더 말하지 않는다. 그러나 그는 아마도 길버트 체스터톤Gilbert Keith Chesterton의 말을 시인할 것이다(그 두 철학자의 비교를 위해서는 Brenner

(1991)을 보라):

"자살은 하나의 죄a sin일 뿐 아니라, 가장 두드러진 죄 the sin이다. 그것은 궁극적이고 절대적인 악으로, 존재에 관심을 두기를 거부하는 것, 삶에 충성을 맹세하기를 거부하는 것이다. 어떤 한 사람을 죽이는 사람은 한 사람을 죽인다. 자기 자신을 죽이는 사람은 모든 사람을 죽인다; 그에 관한 한, 그는 세계를 말살한다. 그의 행위는 어떠한 강간이나 최고의 잔혹 행위보다도 (상징적으로 고려할 때) 더 나쁘다. 왜냐하면 그것은 모든 건조물을 파괴하기 때문이다; 그것은 모든 여성을 모욕하는 것이다. 도둑은 다이아몬드에 만족한다; 그러나 자살자는 그러지 않는다: 그것이 그의 범죄이다. 그는 심지어 천국의 빛나는 보석으로도 매수할 수 없다. 도둑은 자기가 훔치는 것들을—그것들의 주인은 아니지만—칭찬한다. 그러나 자살자는 지상의 모든 것을, 그것을 훔치지 않음으로써 모욕한다. 그는 모든 꽃을, 그것을 위해 살기를 거부함으로써 모독한다."
(Chesterton, 1908)

한 군인의 삶의 철학

윤리는 언표 불가능하지만, 다행히 비트겐슈타인은 이런 물음들에 관해 그가 명命한 침묵에 집착하지 않았다. 『논고』와 『노트북』에서 우리는 쇼펜하우어의 영향을 알아볼 수 있는, 스피노자적이고 스토아적인 억양을 지닌 삶의 철학을 추출할 수 있다. 1916년 6월 11일, 브루실로프 공세가 본격화된다. 전투병 비트겐슈타인은 (스스로 자원한) 관측병의 위치에 있고, 매 순간 죽을 수 있다. 최후의 일격에 대비하면서, 그는 다음과 같은 실존적 편람을 작성한다:

신과 삶의 목적에 관해 나는 무엇을 알고 있는가? 나는 안다. 이 세계가 있다는 것을. 나는 이 세계에 내 눈이 그 시야에 위치해 있는 것처럼 위치해 있다는 것을. 우리가 세계의 뜻이라고 부르는 어떤 것이 이 세계에서 문젯거리라는 것을. 이 뜻은 세계 안에 있지 않고 세계 밖에 있다는 것을. 삶이 세계라는 것을. 나의 의지가 세계를 관통한다는 것을. 나의 의지가 선하거나 악하다는 것을. 그러므로 선과 악은 어떤 식으로든 세계의 뜻과 연관되어 있다는 것을. 삶의 뜻 즉 세계의 뜻을 우리는 신이라 부를 수 있다. 그리고 이것에다 아버지로서의 신이란 비유를 결합시킬 수 있다. 기도는 삶의 뜻에 대해 생각하는 것이다. 나는 세계에서 일어나는 일들을 내 의지에 따라 조종할 수 없고, 완전히 무력하다. 나는 오직 일어나는 일들에 대한 영향력을 포기함으로써만 나 자신을 세계로부터 독립적으로 만들 수 있다 — 그리고 따라서 어떤 뜻에서 세계를 지배할 수 있다. (*NB*, 11.6.16)

이 선언문은 이론이 아니라, 참호(또는 차라리, 관측소)에서 나온 일종의 지혜이다. 그것은 전쟁의 산물이면서 동시에 거기서 도덕적으로 그리고 정신적으로 살아남을 수 있게 하는 지혜이다.

사실들은 가치론적으로 중립적이다: "돌, 동물의 몸체, 인간의 신체, 나의 신체는 모두 같은 단계에 있다. 그런 까닭에, 발생하는 것은, 그것이 돌에 의해 발생하든 내 신체에 의해 발생하든, 선하지도 악하지도 않다"(*NB*, 12.10.1916). 세계 내에 있는 어떤 것도 선하거나 악하지 않다. 선하고 악한 것의 자리는 세계의 한계에 위치한 주체의 의지이다(세계 자체가 아니다). 선하거나 악할 수 있는 것은 나의 의지이다.

의지는 세계에 대한 주체의 입장 표명이다. 주체는 의지하는 주체이다. (*NB*, 4.11.1916)

비트겐슈타인은 상벌을 외부적 보상이 아니라 행위 자체에 내재한 것으로서 보는 스피노자주의적 개념을 채택한다: "일종의 윤리적 상벌이 존재하기는 해야 하지만, 이 상벌은 행위 자체에 놓여 있어야 한다. (그리고 상은 유쾌한 어떤 것이어야 하고, 벌은 불쾌한 어떤 것이어야 한다는 것도 분명하다)"(*TLP*, 6.422).

주체의 참극慘劇은, 세계를 마주하여 그가 무력하다는 것이다:

나는 세계에서 일어나는 일들을 내 의지에 따라 조종할 수 없고, 완전히 무력하다. (*NB*, 11.6.1916)

세계는 나의 의지로부터 독립적이다. 설령 우리가 원하는 모든 것이 일어난다고 하더라도, 그것은 말하자면 운명의 은총에 불과할 것이다. 왜냐하면 의지와 세계 사이에는 그것을 보증해 줄 논리적 연관이 없기 때문(⋯)이다. (*NB*, 5.7.1916)

확실히 나는 나의 의지를 예컨대 내 팔다리를 사용하여 행사할 수 있지만, 내가 "낯선 의지에 의존하고 있다는 느낌"을 지니는 한, 나는 어떤 형태의 소외를 겪는다. 왜냐하면 "세계는 나에게 주어져 있다. 즉 나의 의지는 전적으로 외부로부터, 마치 다 완성되어 있는 어떤 것에 다가가듯이 세계로 다가간다"
(*NB*, 8.7.1916). 그러면 어떻게 해야 행복할까?

행복의 기술

"죽음 앞에서의 두려움은 잘못된 삶, 즉 나쁜 삶의 가장 좋은
표시이다. (…) 행복하게 살라!"(*NB*, 8.7.1916). 여기서 우리는
하나의 독특한 윤리적 명령, 즉 행복하라는 명령을 인식할 수
있다.『노트북』에서 젊은 철학자는 행복을 향한 스토아주의적
이라고 규정될 수 있는 길을 제안한다. 역설적이게도, 세상을
지배하고 그것으로부터 독립하려면, 세상과 조화롭게 살아야
한다:

> 행복하게 살기 위해서는, 나는 세계와 일치해야 한다. 그
> 리고 '행복하다'는 실로 이것을 뜻한다. 그 경우 나는, 말하자
> 면, 내가 의존해 있는 것으로 보이는 저 낯선 의지와 일치한
> 다. 즉 '나는 신의 의지를 행한다.' (*NB*, 8.7.1916)

사람이 모든 것을 잃어도, 온갖 가능한 불행에 짓눌려도, 행
복할 수 있다. 이렇게 하기 위해서는, 그의 행복—혹은 그의 정
신 상태—이 자신에게 달려 있지 않은 것에 의존하게 하면 안

된다. 이것은 서기 125년경 (자신의 생각과 행동처럼) 자신에게 달려 있는 것과 (다른 사람의 의견이나 재산처럼) 자신에게 달려 있지 않은 것 사이의 근본적인 구별에서 출발하며 등장한 스토아학파의 저작 『에픽테토스 편람』(Epictetus, 125)의 교훈이다.

톨스토이(1828-1910)

두 신성이 존재한다: 세계와 나의 독립적인 나. 나는 행복하거나 불행하다, 그것이 전부다. 선이나 악은 존재하지 않는다고 말할 수 있다. (*NB*, 8.7.1916)

비트겐슈타인은 또한 "두려움도 없고 희망도 없이" 현재에 살라는 톨스토이의 『요약 복음서』의 초대를 받아들인다. 영원을 지속이 아니라 무시간성으로 정의한다면, 그것은 영원히 살라는 것을 의미한다.

행복한 사람은 아무런 두려움이 없어야 한다. 죽음 앞에서도 그래야 한다. 시간 속에서가 아니라 현재에 사는[20] 사람

---

20 (옮긴이주) '현재에 산다'는 현상을 받아들인다는 뜻을 지닌다.

만이 행복하다. 현재에서의 삶에 대해서 죽음은 존재하지 않
는다. 죽음은 삶의 사건이 아니다. 그것은 세계의 사실이 아
니다. 영원을 무한한 시간 지속이 아니라 무시간성으로 이해
한다면, 현재에 사는 사람은 영원히 산다고 말해질 수 있다.
(*NB*, 8.7.1916)

세계를 개혁하려는 계획을 포기할 수 없는 사람들에게 비트
겐슈타인은 간접적인 길을 제안한다: 우리들은 자기 자신을
변화시킴으로써, 더 행복해짐으로써, 세상을 바꿀 수 있다. 왜
냐하면 세계는 나의 세계이고, 주체는 세계이기 때문이다. "행
복한 자의 세계는 불행한 자의 세계와는 다른 세계이다"(*TLP*,
6.43). "행복한 자의 세계는 행복한 세계이다"(*NB*, 29.7.1916).
세계가 사실들의 총체이고 사실들은 행복한 사람과 불행한 사
람에게 같다는 것을 알 때, 이것은 놀랍게 보일 수 있다. 그 두
세계에 외부적인, 그 두 세계 각각의 의미는 다르므로, 그것들
은 두 개의 다른 세계이다.

2. 신비와 종교

『논고』에서, 신비스러운 것은 넓은 뜻으로는 논리와 윤리, 그리고 미학을 포함한다. 좀 더 제한된 뜻으로는, 신비스러운 것은 "세계가 어떻게 있느냐가 (…) 아니라, 세계가 있다는 것" (*TLP*, 6.44)이고, 신비로운 느낌은 "한계 지어진 전체로서의 세계에 대한 느낌", 즉 "세계를 영원의 관점에서(sub specie aeterni) 직관하는 것"(*TLP*, 6.45)이다. 이러한 관점은 무엇에 있는가? "통상적 고찰 방식은 대상들을 말하자면 그것들 가운데에서 보고, 영원의 관점에서의 고찰은 밖에서 본다. [즉] 대상들이 전체 세계를 배경으로 가지도록 본다"(*NB*, 1916.10.7). 사물을 영원의 관점에서 본다는 것은 "전체 논리적 공간과 함께" (*NB*, 1916.10.7), 즉 모순적이지 않은 가능성들의 공간과 함께 본다는 것이다.

신비적 경험은 "세계의 존재에 대해 경탄하는" 또는 "세계를 하나의 기적으로 보는" 데 있다("윤리학에 관한 강의", 『소품집』p. 37). 『논고』에서 신비적인 것과 논리적인 것의 관계는 상당

123

히 모호하며, 어떤 사람들은 거기서 유기적 관계를 보는 게 아니라 논리의 나무에 신비적인 것이 접목된 것을 보았다(Glock, 1996, p. 251).

신을 믿는다는 것은 "신은 존재한다"라는 (사이비-)명제(그 진술은 무의미하다)를 참으로 여기는 것에 있는 것이 아니라, "삶의 뜻에 관한 물음을 이해한다는 것", "세계의 사실들로써는 아직 일이 끝나지 않았다는 것을 본다는 것", 그리고 "삶이 뜻[삶에 외적인 뜻]을 지닌다는 것을 본다는 것"을 뜻한다(*NB*, 1916.7.8). "신은 자신을 세계 속에서 드러내지 않는다"(*TLP*, 6.432). 신은 "우리가 의존하는 것", 모든 사정이 어떠어떠하다는 것과 "운명", 즉 "우리의 의지로부터 독립적인 것으로서의 세계"와 동일시된다(*NB*, 1916.7.8).

신은 논리와 마찬가지로 무정하다: "명제의 일반적 형식은 다음과 같다: 사정이 이러이러하다"(*TLP*, 4.5) 그리고 "모든 사정이 어떠어떠하다는 것이 신이다. 신은 모든 사정이 어떠어떠하다는 것이다"(*NB*, 1916.8.1). 그렇지만 신을 명제의 일반적 형식과 동일시하는 것은 잘못일 것이다. 후자는 가능한(그러나 반드시 사실로 확인되지는 않은) 사태를 지시하지만, 신은 주체로부터 독립적인 것으로서의 세계(실제로 있는 사실들, 확인된 사태들)를 지시한다.

『논고』는 신비주의적 기질과 언어와 실재 사이의 관계를 발견하려고 결심한 분석적 열정 사이의 풍부한 긴장의 결실인 것처럼 생각될 수 있을 것이다. 카르납은 "비트겐슈타인에게서 그의 정서적 삶과 그의 지성적 사유 사이의 강한 내적 충돌"을 간파했다고 믿었다. "엄청난 강도와 통찰력으로 작업하면서, 그의 지성은 종교와 형이상학 분야의 많은 진술이, 엄밀히 말하자면, 아무것도 말하지 않는다는 것을 인식했다. 자기 자신에게 절대적으로 정직한 그의 성격으로, 그는 이 통찰에 자신의 눈을 감으려고 애쓰지 않았다. 그러나 이 결과는, 마치 사랑하는 사람에게서 어떤 약점을 인정해야 하는 것처럼, 그에게는 정서적으로 극히 고통스러웠다"(Carnap, 1963, p. 27).

후기 비트겐슈타인은 신앙과 지적 정직성을 조화시키는 것이 가능하지만, 매우 미묘하다고 생각하게 된다:

> 성실한 종교적 사상가는 줄 타는 광대와 같다. 외관상으로 볼 때, 그는 거의 단지 공기 위에서 걸어간다. 그의 기반은 생각될 수 있는 한 가장 폭이 좁다. 그럼에도 불구하고 실제로 그 위에서 걸어가는 것이 가능하다. (*CV*, p. 166)

달리 말해서, 사실에 대한 무지를 함축하지 않는 종교적 담론, 그 자신의 투시력으로부터 자신을 지켜야 하는, 게다가 바보가 되기까지 해야 하는 의무 없이 고수할 수 있는 세계관을 제시하는 담론을 상술하는 것은 매우 어렵지만, 그래도 가능은 하다. 그리고 비트겐슈타인은 그러한 사상가의 예를 키르케고르의 글과 고트프리트 켈러, 타고르, 톨스토이, 도스토옙스키와 같은 시인과 작가의 글에서 찾았다.

비트겐슈타인의 삶과 사유에서 종교

드루리는 비트겐슈타인이 다음과 같이 말했다고 보고한다:

"나는 종교인은 아니지만 모든 문제를 종교적 관점에서 보지 않을 수 없다." (Flowers, 1999, vol. 3, p. 173)

이 말에 관해서는 많은 해석이 존재한다(Malcolm et Winch, 1997). 그리고 비트겐슈타인에게 어떤 종교 철학을 부여하는 게 가능할 것(Richter(2001)는 그 반대를 주장한다)이라고 하는 한에서는, 어떤 종교 철학을 부여할 것이냐 하는 물음에 관해서 오늘날도 치열하게 논쟁이 이루어지고 있다 (Phillips, 1993; Nielsen et Phillips, 2005).

전기적 요소들은 논란이 덜한 주제이다. 비트겐슈타인은 가톨릭 집안에서 양육되었고, 교리문답 교육을 받았다. 그는 자기가 청소년기에 믿음을 상실하면, 그 후 신부나 수도사가 될 것을 고려한다. 그의 생애 내내 그는 종교적 독서 취미를 간직한다: 키르케고르(덴마크어로 읽다), 아우구스티누스 (라틴어로 읽다), 오래된 기도서들과 성경("곤충이 불빛 주위를 맴돌듯이, 나는 신약 성경 주위를 맴돈다"(*DB*, p. 78)), 이것들의 어떤 절節들에 관해 그는 자신의 일기에서 논평한다. 그의 전기는 두 가지 연결된 근심을 연출한다: 한 가지는 윤리적 근심으로, 성자 아니면 최소한 "제대로 된 사람"이 되는 것이다; 그리고 한 가지는 지적 근심으로, 천재가 되는 것이다. 첫 번째 요구 사항은 그의 삶의 수많은 결단(1914년에 오스트리아군에 자발적으로 지원한 것 같은)을 형성했다. 그리고 그에게 봉헌되어 그가 철학 권역 밖에서 인기를 얻는 데 기여하는 일종의 성인전聖人傳을 산출해 냈다. 이 요구 사항은 또한 비트겐슈타인의 생각에 대한 독해의 열쇠를 제공하는데, 그는 아주 일찍부터 다음과 같은 문제에 직면해 있었다: 그의 이성이 그 어떤 이론이건 그가 신봉하는 것을 허용하지 않을 때, 어떤 교리도 그의 지성의 해체하는 힘에, 그리고 그의 대상을 해체하기까지 분석하는 열정에 저항하지 않을 때, 어떻게 성자가 되는가? 이것은 카뮈의 『페스트』에서 성자가 되려고 하지만 신을 믿지 않는 장 타루Jean Tarrou의

딜레마(Camus, 1947, p. 277), 혹은 과학자에게 수용 가능한 종교성의 형태에 관해 탐구하는 윌리엄 제임스 같은 사람의 딜레마이다(James, 1902). 제임스처럼 비트겐슈타인은 믿음이 한 개인의 삶에서 불러일으킬 수 있을 변화에 주의를 기울였다:

"신과 연결된 존재는 강하다." (*DB*, p. 36)

"그러므로 그것은 당신이 더 이상 지상에 의지하지 않고 천국에 매달려 있을 때만 일어날 수 있다. 그때 모든 것은 달라지며, 또 당신이 지금 할 수 없는 것을 그때 할 수 있다 해도 '하등 놀랄 일이 아니다.' (물론 매달려 있는 사람이 서 있는 사람처럼 보일 수 있다. 그러나 그 사람 속에서 작용하는 힘들은 실로 전혀 다르며, 따라서 그는 서 있는 사람과는 전혀 다른 것을 할 수 있다)." (*CV*, MS 120 108c: 1937.12.12)

두 번째 요구 사항은 첫 번째 것과 연결되어 있다. 그것은 비트겐슈타인이 그 음악과 그 열정적이고 충동적인 성격을 찬양한 베토벤 같은 사람을 따라 천재가 되는 것이다. 그런데, 스튜어트 햄프셔의 말처럼, 천재는 성자에 대한 기독교적 개념의 낭만적이고 "세속화된"(종교에서 분리된) 한 형

태이다: "성자처럼, 천재는 보이지 않고 설명되지 않은 길로 진리에 직접 접근하는 데 반해, 재능이 있는 사람은 조금씩 전진하기 위해 직관의 유일한 빛에 의하기보다는 규칙적이고 반복 가능한 방법들을 써야 한다. 천재는 은총에 의해 진리에 도달하고, 작업에 의하지 않는다"(Hampshire, 1991).

그의 내면적인 글들은 그가 자기 마음에 떠오른 생각들을 "하늘의 선물"(*DB*, p. 53)처럼 여겼고, 자신이 초자연적 존재(대체로 신이나 성령)와 관계가 있다고 보았음을 보여 준다. 그는 그 존재에게 (때로는 무릎을 꿇고) 기도하거나 감사를 드렸으며, 혹은 정확한 요구를 표현했다: 자신의 삶을 재건하는 데 도와 달라고, 연구하고 강의 준비하는 데 도와 달라고, 자기를 불쌍히 여겨 달라고, 자신이 "괴팍함이 없이 독실하게 살게" 해 달라고 등등(Klagge et Nordmann, 2003, 1937년 1월 31일). 그처럼, 그는 지적 노동의 멍에를 혼자 짊어지지 않았다; 그의 철학적 활동은 상당한 정도로 듣는 활동이었다. 그에 의하면, 자신의 작품에 가치를 준 것은 이러한 열려 있음이었다:

"내가 하는 것이 도대체 애쓸 가치가 있는가? 물론이다. 그것이 위로부터 빛을 받기만 한다면 말이다. (…) 위로부터의 빛이 있지 않다면, 나는 실은 단지 재주 좋은 사람에 불과할 수 있다." (*CV*, MS 134 95: 1947.4.3)

종교에 대한 그의 집요한 관심은 말년까지 계속된다. 그는 죽음을 얼마 남기지 않고 다음과 같이 쓴다:

"신은 나에게 이렇게 말할 수 있다: '나는 너 자신의 입으로 너를 심판하노라. 네가 너 자신의 행위들을 다른 사람들에게서 보았을 때, 너는 그 행위들에 대해 구역질 나 몸을 떨었도다'." (*CV*, MS 175 56r: 1951.3.15)

3. 미학

　『논고』의 단 한 명제만이 미학을 언급한다: "윤리가 언표될 수 없다는 것은 분명하다. 윤리는 초월적이다. (윤리와 미학은 하나이다.)"(*TLP*, 6.421). 윤리에 대해 말할 수 있는 모든 것이 미학에 대해 말해질 수 있다. 그 둘의 관계는 예술을 거친다: "예술 작품은 영원의 관점에서 본 대상이다; 그리고 좋은 삶은 영원의 관점에서 본 세계이다. 이것이 예술과 윤리의 연관이다" (*NB*, 1916.10.7). "아름다움이 예술의 목적이라는 파악에는 확실히 뭔가가 있다", 그리고 윤리의 유일한 의무가 행복해지는 것이라면, "아름다움은 바로, 행복하게 만드는 것이다" (*NB*, 1916.10.21).

　비트겐슈타인은 청강생들에 의한 기록이 남아 있는 1938년의 「미학에 관한 강의」(*LE*, 『강의와 대화』의 일부)에서 미학에 관한 주제를 발전시킨다. 그는 거기서 정신분석과 수학에 관해서도 말하며, 자신의 훌륭한 음악적 소양(그는 피아노와 바이올린, 그리고 클라리넷을 연주했다)과 자신의 건축가로서의 경험에 의지하기도 한다. 그는 그가 다른 곳에서 되풀이할 것을 미리 확언한다. 즉 그는 자신의 독자가 특정한 논제를 채택하도록 설득하려 하지 않고, 사유 양식을 바꾸도록 설득하려 애쓴다는 것이다(*LE*, III, §40). 왜냐하면 이 강의에는 이미 "후기 비트겐슈타인", 즉 형이상학적 주체의 장엄한 고립에서 빠져나와 사람들이 사는 방식과 말을 사용하는 방식에 관심이 있는 인물이 등장하고 있기 때문이다. 그는 언어를 "망치, 끌, 성냥, 못, 나사못, 아교를 담고 있는 도구 상자"(*LE*, I, §4), 다시 말해서, 같은 부류지만 다른 쓰임을 지닌 대상들이 들어 있는 도구 상자에 비교한다. 그리고 그가 철학에서 선호하는 방법 하나를 제안하는데, 그것은 한 낱말을 배우는 방식을 묻는 데 있다:

한 낱말을 논의할 때 우리가 항상 하는 한 가지 일은, 우리가 그 낱말을 어떻게 배웠는가를 묻는 것이다. 이 일을 하는 것은 한편으로는 다양한 오해들을 깨고, 다른 한편으로는 그 낱말이 사용되는 원초적 언어를 여러분에게 제공한다. (*LE*, I, §5)

그렇게 해서 그는 어린아이는 "아름답다"와 "좋다"란 용어를 감탄으로 배운다는 것과 "낱말은 얼굴 표정이나 몸짓의 대용물로서 가르쳐진다"(*LE*, I, §5)는 것을 지적한다.

심미적 감상이란 무엇인가?

심미적 감상은 반드시 언어적이지는 않고, 어떤 행동들에 있을 수 있다. 실제의 심미적 감상 시험은 우리를 "좋다"나 "아름답다"라는 낱말들에 주의를 기울이지 않게 한다.

그것들은 전적으로 특징이 없고, 일반적으로 그저 주어와 술어('이것은 아름답다')일 뿐이다. 우리가 주의를 기울이고 있는 것은, 그것들이 말해지는 경우들, 즉 심미적 표현이 그 안에서 한 자리를 차지하고 있는 대단히 복잡한 상황으로서, 그 속에서 그 표현 자체는 거의 무시할 만한 자리를 차지하고 있다. (*LE*, I, §5)

또한, 미학은 아름다운 것에 관한 학문도 아니다. 그것은 "말로 표현하기엔 대체로 너무 우스운 것"일 것이다. "나는 그것은 또한 어떤 종류의 커피가 맛이 좋은지도 포함해야 한다고 생각한다"(*LE*, II, §2). 아름다운 것에 관해 흄이나 칸트나 헤겔처럼 어떤 하나의 정의를 제안하기는커녕, 비트겐슈타인은 그의 "후기 철학"에 특징적인 흐름 속에서, "아름답다"나 "추하다" 같은 용어들이 심미적 감상의 실제 실천 속에서 쓰이는 방식을 조사한다:

사람들이 어떤 꽃이나 동물을 추하다고 볼 때, 그들은 언제나 그것들이 예술품이라는 인상을 받고 있다. '그것은 마치 …처럼 보인다'라고 그들은 말한다. 이것은 '추하다'와 '아름답다'라는 낱말들의 의미에 빛을 던진다. (*CV*, p. 58: 1931.7.2)

비트겐슈타인은 심미적 감상의 어휘들을 "아름답다"나 "숭고하다"나 "추하다" 같은, 사실상 드물게 쓰이는 형용사들의 제한된 집합으로 환원하는 것을 비판한다:

실생활에서 심미적 판단들을 할 때, '아름답다', '훌륭하다' 등과 같은 심미적 형용사들이 거의 전혀 어떤 역할도 하지 않는다는 점은 주목할 만하다. 음악 비평에서 심미적 형용사들이 사용되는가? 여러분은 말한다: '이 조바꿈을 보라', 또는 '여기 그 악절은 일관성이 없다'. 또는 여러분은 시 비평에서는 이렇게 말한다: '그의 이미지 사용은 정확하다'. 여러분이 사용하는 낱말들은 '아름답다'와 '사랑스럽다'보다는 '올바르다'와 '옳다'(이 낱말들이 일상회화에서 사용되는 대로의)에 더 가깝다. (*LE*, I, §8)

심미적 감상은 작품이 마음에 드는지 들지 않는지를 말하는 데 있지 않고, 작품을 기술하는 데, 작품을 특징짓는 데 있다.

우리들은 예술 작품을 그것이 무엇이어야 하는지와 관련해서 평가한다; 예술 작품에 없는 것이거나, 예술가가 해야 했지만 하는 데 실패한 것과 관련해서 말이다.

그러나 감상한다는 것은 무엇을 뜻하는가? 심미적 감상이 그 한 변종일 뿐인 감상이란 무엇인가?

> 어떤 사람이 양복점에서 무수히 많은 패턴들을 검사하고는, "아니요, 이건 좀 너무 어두워요. 이건 좀 너무 요란하고요." 등등이라고 말한다면, 그는 이른바 옷감의 감상자이다. 그가 감상자라는 것은 그가 사용하는 감탄사들[예를 들면, "이것은 아름답다!"]에 의해서가 아니라 그가 고르고 선택하는 등의 방식에서 드러난다. (*LE*, I, §19)

심미적이든 아니든, 감상은 맥락적이며, 일정한 사회의 문화, 규범 및 관행들에 의존한다: "음악적 취향을 기술하면서 여러분은 어린이들이 연주회를 여는지, 여자들이 그러는지, 혹은 남자들만 연주회를 여는지 등등을 기술해야 한다"(LE, I, §26). "[심미적] 감상이 무엇에 있는가를 기술하는 것은 어려울 뿐 아니라 불가능하다. 그게 무엇에 있는가를 기술하기 위해서는, 우리는 전체 환경을 기술해야 할 것이다."(*LE*, I, §20).

비트겐슈타인은 미학의 문제를 심리학과 신경학의 영역에

서 배제한다:

흔히 사람들은 미학이 심리학의 한 분야라고 말한다. 그들
의 생각은, 일단 우리가 더 진보해 나간다면, 모든 것이 — 예
술의 모든 신비들이 — 심리학적 실험들에 의해 이해될 것이
라는 것이다. (⋯) 미학적 물음들은 심리학적 실험들과는 아
무 관계도 없다. 그것들은 전적으로 다른 방식으로 대답된다.
(*LE*, II, §§35~36)

그 대답은 행동(여기에는 언어적 행동이 포함된다)과 표정
과 태도의 기술에 있다. 그러므로 비트겐슈타인의 생각은 감각
지각을 연구하고 심미적 감상에 대한 신경학적 설명을 제안하
기 위해 신경과학의 기술을 사용하는 현대 신경 미학을 비판하
기 위해 동원될 수 있을 것이다.

과학적 경험이 성공하여, "이러한 일련의 음표들이 이러한
특수한 종류의 반응을 생산한다는 것, 어떤 사람을 미소 짓게
하면서 '오, 얼마나 멋진가!' 하고 말하게 만든다는 것을 보일
수 있을 것(이런 언어를 위한 메커니즘 등등을 보일 수 있을
것)"이라고 해 보자. "이런 일이 이루어진다고 가정한다면, 그
것은 우리로 하여금 특정한 한 개인이 무엇을 좋아하고 무엇을
싫어할지를 예측하게 해 줄 수 있을 것이다. 우리는 이런 것들

을 계산할 수 있을 것이다"(*LE*, III, §8). 그러나 이러한 얇은 문제의 경우를 설명해 주지 못한다:

> 문제는 이것이 우리가 심미적 인상들에 관해 곤혹스러워할 때 우리에게 있었으면 하는 그런 종류의 설명이냐 하는 것이다. 예를 들면, "왜 이 소절들은 나에게 이런 특별한 인상을 주는가?"와 같은 곤혹스러운 문제가 존재한다. (…) 심미적 인상이 우리들을 곤혹스럽게 할 때 우리들이 찾는 종류의 설명은 인과적 설명이 아니다. 즉, 경험에 의해 확증되거나 사람들이 어떻게 반응하는가에 대한 통계에 의해 확증되는 설명이 아니다. (*LE*, III, §§8~11)

심미적 감상의 면에서 중요하고 또 그렇게 연구되어야 하는 것은 내가 어떤 음악 작품을 들을 때 내 뇌가 반응하는 방식이 아니라, 내가 이 음악을 기술하고 이 음악에 대해 행동하는 방식이다. 내가 한 음악 작품을 이해한다는 사실을 나는 그 음악을 자주 들음으로써, 다른 사람에게 추천함으로써 등등으로 표현한다.

비트겐슈타인은 훌륭한 일반 상식으로 얻어진 피상적인 심미적 감상보다 덜 "아는", 그러나 더 심오한 감상을 선호한다:

좋은 학교들을 다녔고, 여기저기 여행할 여유가 있어 루브르 등을 볼 수 있고, 수십 명의 화가들에 대해 많이 알고 또 유창하게 이야기할 수 있는 수많은 유복한 사람들이 있다. 다른 어떤 사람이 있는데, 그는 회화들은 거의 보지 못했지만, 그에게 심원한 인상을 주는 한두 그림을 강렬하게 바라본다. 여행을 한 적은 없지만, '정말로 이해하고 있다'는 것을 보여 주는 (…) 한 사물에 집중하며 매우 깊이 있는 이해(감상)를 보여 주는 — 그래서 여러분이 그것에 여러분의 마지막 한 푼마저 지불할 터인 어떤 소견들을 말하는 어떤 사람 말이다. (LE, I, §30)

그런 개인적인 시선은 일종의 "값진 진주"일 것이고 아마도 추구할 가치가 있는 유일한 것일 것이다. 그리고 비트겐슈타인이 자신의 작업에서 보고 싶어 한 것은 의심할 여지 없이 이런 종류의 시선이다.

IV. "후기" 비트겐슈타인 : 『철학적 탐구』

나는 나의 소견들을 미심쩍은 느낌으로
세상에 공개한다. 이 작업의 빈약함과 이
시대의 어둠 속에서, 이런저런 사람의 머
리에 빛을 던지는 것이 이 작업에 부여된
몫이어야 한다는 것은 불가능하지는 않
다; 그러나 물론 그럴 법하지 않다.(1945
년 1월 케임브리지에서 작성된『철학적 탐
구』의 머리말)

『철학적 탐구』는 비트겐슈타인이 생전에 출판하고 싶었던
두 번째의 철학책에 아마도 가장 가까운 텍스트일 것이다. 거
기서 그는 "의미, 이해, 명제/문장, 논리의 개념, 수학의 기초,
의식의 상태 및 그 밖의 많은 주제들"을 다루는 그의 16년 동안

의 "철학적 탐구의 침전물"(*PU*, 머리말)을, 번호가 매겨진 단락들의 형태로 제시한다. 파스칼은 기독교 변호론을 쓰기를 바랐는데 그 초고인 『팡세』가 우리에게 전해지는 것처럼, 비트겐슈타인은 덜 산만한 글을 쓰고 싶었지만, 살아 있는 동안 그는 이런 분산된 형태의 글을 감수卄受해야 했다:

> 나의 결과들을 그러한 하나의 전체 속에 모두 용접하려는 여러 번의 시도가 실패한 후에, 나는 이것이 나에게는 결코 잘 되지 않으리라는 것을 깨달았다. 즉, 내가 쓸 수 있었던 최선의 것은 언제나 단지 철학적 소견들로서만 남아 있을 것이라는 것, 만일 내가 나의 사고들을 그 자연스러운 경향에 반反하여 하나의 방향으로 더 강요한다면 나의 사고들은 곧 절름발이가 될 것이라는 것을 말이다. (*PU*, 머리말)

처음에, 『탐구』는 『논고』보다 접근하기 쉬운 것처럼 보인다. 그러나 그럼에도 불구하고 『탐구』는 큰 어려움을 제시한다. 즉 비트겐슈타인이 말하는 것은 쉽게 이해되지만, 그가 무엇에 반응하고 있는지, 그리고 어디에 이르고자 하는지는 파악하기가 어렵다. 책장을 넘기는 내내 명료화 작업이 진행되는데, 그것을 읽는 것은 저자가 해소하려고 애쓰는 혼란들에 사로잡히지 않으면 어려울 수 있다. 그리고 텍스트의 조각나고 단편적인 문체에서 어떤 결점—"비트겐슈타인의 진정한 입장"을 밝히기 위해서는 사상捨象해야 할—을 보는 것은 잘못일 것이다. 『논고』와는 반대로, 『탐구』는 철학에서의 마지막 말이라고 우겨 말할 어떤 결정적인 논제도 포함하지 않고, 독자를 설득하려고 하기보다는 "그의 직관 방식"(*PU*, §144)을 바꾸고자 하는 해명과 확인들을 포함한다.

1. "아우구스티누스식 언어관"에 대한 비판

『탐구』는『논고』와 연관하여 읽어야 한다. 왜냐하면 비트겐슈타인의 생각들은 "오직 [그]의 옛 사고방식의 배경 위에서 그것과의 대조를 통해서만 올바른 조명을 받을 수 있을 것"(*PU*, 머리말)이기 때문이다. 『탐구』의 처음 100여 단락은『논고』에 대한, 그리고 특히 저자가『고백』(I, 8)의 한 대목을 언급하며 "아우구스티누스식 언어관"이라고 명명하는 것에 대한 반박으로 되어 있다. 『고백』의 그 대목에서 히포의 주교인 아우구스티누스는 지시적 정의(혹은 설명)를 통해 언어를 배웠다고 주장한다. 즉, 어른들이 한 사물을 가리키며 그 이름을 말했고, 자기는 "그들이 그것을 지시하고자 했을 때 낸 소리로 그 대상이 지칭되었음을 파악했다"(*PU*, §1)는 것이다. 이 기술記述은 한 낱말의 의미를 그것에 대응하는 대상으로 만드는 암묵적 이론을 포함한다. 그리고 그것은 또한 "이름은 대상을 의미한다."(*TLP*, 3.203)라고 하는, 『논고』에서 표현된 언어 이론이기도 하다.

그렇지만 비트겐슈타인은 『논고』와 『탐구』 사이의 단절을 과장한 듯하다. 왜냐하면 "아우구스티누스식 언어관"은 인용된 문헌에서 아우구스티누스가 말한 것에도 일치하지 않고 『논고』의 입장에도 일치하지 않기 때문이다. 한편으로, 아우구스티누스의 구절은 "모든 사람들의 자연언어, (…) 얼굴 표정과 눈짓으로, 손발의 움직임과 목소리의 울림으로 나타내는"(PU, §1) 비언어적 몸짓언어를 언급했다. 또 다른 한편으로, 『논고』의 비트겐슈타인의 "근본 사상"은 "논리적 상항들"은 아무것도 대신하지 않는다는 것이다(TLP, 4.0312). 달리 말해서, 어떤 대상도 대응하지 않는 기호들(논리적 상항들)이 존재한다. 그러므로 이 "아우구스티누스식 관점"은 『논고』의 의미 이론의 내용을 다 담고 있지 않으며, 『고백』을 쓴 아우구스티누스의 목적은 언어 이론을 제안하는 것이 아니었다.

그런데도 그것은 비트겐슈타인에게 "인간 언어의 본질에 대한 하나의 특정한 그림"을 비판할 기회를 제공한다.

즉, 언어의 낱말들은 대상들을 명명하며, 문장들은 그러한 명칭들의 결합이라는 것이 그것이다. —언어에 대한 이러한 그림 속에서 우리는 다음과 같은 생각의 뿌리들을 발견한다: 모든 낱말은 각각 어떤 하나의 의미를 지닌다. 이 의미는 낱말에 짝지어진다. 그것은 낱말이 나타내는 대상이다. (PU, §1)

이러한 견해는 어떤 물질적 대상도 대응하지 않는 낱말들—예컨대 숫자 2—을 정의하는 것이 문제가 될 때 명백한 한계에 부딪힌다. 그러나 낱말과 사물 사이의 연결이 잘 수립된 것처럼 보이는 경우에조차, 비트겐슈타인의 아우구스티누스가 묵과하는 것으로 보이는 오해와 착각이 존재한다. 만일 내가 한 아이에게 어떤 사람을 손가락으로 가리키면서 그 사람의 이름을 가르치려고 시도한다면, 그 아이는 "이것을 색깔 이름으로, 인종人種의 지칭으로, 심지어 방위 명사로 파악할 수도 있다"(*PU*, §28). 아우구스티누스는 언어 습득에 대한 그의 기술에서 "마치 어린아이가 낯선 나라에 와서 그 나라의 언어를 이해하지 못하고 있는 듯이", "즉, 단지 이 언어가 아닐 뿐, 어린아이에게 이미 어떤 언어가 있는 듯이"(*PU*, §32) 그렇게 기술한다. 즉, 새 낱말이 그 언어에서 해야 하는 역할을 아이가 이미 알고 있는 듯이 말이다.

"거친 대지로 되돌아가자": 쓰임으로서의 의미

비트겐슈타인이 『논고』의 언어관과 동일시한 "아우구스티누스식 언어관"은 언어가 지닌 실제 기능의 검사를 견디어 내지 못한다. 『논고』의 철학은 실재와 충돌하는 방법론적 요구에 종속되어 있다:

우리가 실제의 언어를 정확히 고찰할수록, 그것과 우리의 요구 사이의 충돌은 더욱 강해진다. (논리의 결정체 같은 순수성은 실로 나에게 탐구의 결과로서 주어진 것이 아니었다; 그것은 하나의 요구였다.) 그 충돌은 견딜 수 없게 된다; 그 요구는 이제 공허한 어떤 것으로 될 우려가 있다. ─ 우리는 마찰이 없는, 그러니까 어떤 뜻에서는 그 조건이 이상적인, 그러나 바로 그 때문에 또한 걸어갈 수도 없는 빙판에 빠져들었다. 우리는 걸어가기를 원한다; 그렇다면 우리에게는 마찰이 필요하다. 거친 대지로 되돌아가자! (*PU*, §107)

이 절은 방법론적 지각 변동에 해당하는 중대한 한 계기를 구성한다: 언어가 실제로 어떻게 기능하는가를 검토하기 위해서는, 실재가 보증하지 않는 논리주의의 일반성과 체계성에 대한 요구를 제쳐놓는 게 중요하다. 그것은 일관된 이론을 구성하려는 노력에 더는 흡수되지 않고 이제부터는 외부 세계로 향하는, 관심의 일대 전환이다. 그리고 "이 '마찰의 필요성', 우리의 삶의 세계라는 '거친 대지'로 돌아가려는 이 의지는 비트겐슈타인과 사회학의 지도적 이념이 근접해 있다는 인상을 불러일으킨다"(Ogien, 2007, 서론).

비트겐슈타인은 한 낱말의 의미로 우리들이 이해하는 것은, 매우 자주, 그 낱말에 대응하는 대상이 아니라 그 낱말의 쓰임인 것처럼 설명할 것을 제안한다:

"의미"란 낱말을 이용하는 경우들 중 많은 부류에 대해서
—비록 그 모든 경우에 대해서는 아닐지라도— 이 낱말은 이
렇게 설명될 수 있다. 즉: 한 낱말의 의미는 언어에서의 그것
의 쓰임이다.

그리고 때때로 한 낱말의 의미는 그 소지자를 가리킴으로
써 설명된다. (*PU*, §43)

이 절의 효력과 이를 벗어나는 경우들에 관한 문제는 "비트
겐슈타인학學"의 인기 주제이다.[21] 아우구스티누스의 오류는
바로 이름의 소지자와 그 의미를 혼동한 것이었다. "후기 비트
겐슈타인"에 대한 좀 성급한 설명들은 그에게 "한 낱말의 의미
는 그것의 쓰임이다"라는 명제를 부여하지만, 그것은 새로운
의미이론이 아니라, 넓지만 제한된 부류의 경우들에 대해 "의
미"란 낱말을 설명하는 하나의 방식일 뿐임을 주의하자. 특히
법적 정의와 과학적 정의들, 예컨대 멘델레예프 주기율표의 화
학 원소 정의는 거기서 제외될 수 있을 것이다. 그러나 "좋은"
과 같은 어떤 낱말들을 정의하는 것은 "불가능"할 것이다
(Flowers, 1999, vol. 4, p. 112).

---

21 (옮긴이주) 여기 언급된 43절의 해석 문제를 포함하여 후기 비트겐슈타인
　　의 의미관을 다룬 글로서 옮긴이의 『비트겐슈타인의 철학』(책세상, 20
　　16) 6장 "의미의 기준으로서의 사용과 관상으로서의 의미" 참조.

2. 언어놀이, 가족 유사성, 그리고 삶의 형태

비트겐슈타인은 "언어와 그 언어가 얽혀 있는 활동들의 전체"(*PU*, §7)를 "언어놀이"라고 부른다. 그는 이 개념을 "언어를 말하는 것이 어떤 활동의 일부, 또는 삶의 형태의 일부라는 것"(*PU*, §23)과 언어적 표현의 의미는 맥락과 비언어적 활동에 의존한다는 것을 부각하려고 도입한다. 그는 언어놀이의 다양성에 대한 예를 제시한다: '명령하기, 그리고 명령에 따라 행하기', '사건을 보고하기', '이야기를 지어내기, 그리고 읽기', '연극을 하기', '윤무곡을 부르기', '수수께끼 알아맞히기' 등등(*PU*, §23). 『논고』는 언어를 놀이로서보다는 (명제들의) 계산으로서 생각하고 그가 언어 외적 맥락에서 분리한 오직 하나의 언어놀이("사태의 존립을 주장하는"(*TLP*, 4.21) 주장 놀이)만을 고려했다.

비트겐슈타인은 누군가가 자기한테 다음과 같이 이의를 제기할 수 있다는 것을 예견한다: "당신은 일을 가볍게 여기고 있군! 당신은 가능한 모든 언어놀이에 관해 이야기하지만, 도대체 무엇이 언어놀이의 본질이냐, 그리고 따라서 무엇이 언어의 본질이냐는 어디에서도 말하지 않았다. 무엇이 이 모든 과정들에 공통적이며, 그것들을 언어로, 또는 언어의 부분들로 만드는가 말이다."(*PU*, §65). 달리 말해서, 비트겐슈타인은 어떤 것이 하나의 놀이이기 위해 충족해야 하는 필요충분조건을 명시하지 않았다. 그는 놀이의 본질을 정의하지 않았다.

이러한 이의제기에 대한 응답으로 그는 가족 유사성이라는, 『탐구』에서 핵심적인 또 하나의 개념을 도입한다. "우리가 '놀이'라고 부르는 과정들을 한번 고찰해 보라. 나는 장기 류類의 놀이들, 카드놀이들, 공놀이들, 운동경기들 따위를 뜻하고 있다. 무엇이 이 모든 것에 공통적인가?"(*PU*, §66) (철학에서 매우 흔한) 오류는 이러한 서로 다른 과정들이 "놀이"라고 불린다는 사실을 하나의 공통적 본질—그것을 발견하는 게 중요할 터인—의 증명으로 간주하는 것일 것이다. 그러나 언어에 의해 마법에 걸린 채 있기보다는 다시 한번 현실로 돌아오는 게 필요하다.

"그것들에는 무엇인가가 공통적이어야 한다, 그렇지 않으면 그것들은 '놀이들'이라고 불리지 않을 것이다"라고 말하지 말고, — 그것들 모두에 공통적인 어떤 것이 있는지를 보라. — 왜냐하면 당신이 그것들을 바라본다면, 당신은 그 모든 것에 공통적인 어떤 것을 볼 수 없을 것이지만, 유사성들, 근친성들은 볼 것이고, 게다가 아주 많이 볼 것이기 때문이다. 이미 말했다시피: 생각하지 말고, 보라! (*PU*, §66)

현실을 조사해 보면, 하나의 공통적 본질이 존재한다고 결론 내릴 수는 없고, 낱말을 사용하는 상이한 방법 사이에서 가족 유사성을 주목하는 데로 이르게 된다.

나는 이러한 유사성들을 "가족 유사성"이란 말로써 말고는 더 잘 특징지을 수 없다. 왜냐하면 몸집, 용모, 눈 색깔, 걸음걸이, 기질 등등 한 가족의 구성원 사이에 존재하는 다양한 유사성들은 그렇게 겹치고 교차하기 때문이다. (*PU*, § 67)

같은 가족의 두 구성원이 같은 눈이나 같은 귀를 지닐 수 있지만, 그 가족의 모든 구성원이 공유하는, 그리고 그 가족 유사성의 "본질"을 구성하는 정확한 특성(들창코 같은 것)은 존재하지 않는다. 사용된 또 하나의 유비類比는 실의 유비인데, "실의 강도는 그 어떤 섬유 하나가 그 실의 전체 길이를 관통해 지나감에 있는 것이 아니라, 많은 섬유들이 서로 겹침에 있다" (*PU*, §67).

한 낱말의 의미는 언어놀이 내에서의 그 낱말의 쓰임에 의존하고, 언어놀이는 삶의 형태에 의존한다. 비트겐슈타인은 이 개념을 정의함 없이, 그리고 발전시킴도 없이, "언어를 말하는 것이 어떤 활동의 일부, 또는 삶의 형태의 일부임을 부각하고자"(*PU*, §23) 도입한다. 언어적 활동은 비언어적 활동과 항상 밀접하게 연결되어 있으며 "어떤 하나의 언어를 상상한다는 것은 어떤 하나의 삶의 형태를 상상하는 것이다"(*PU*, §19). 한 언어를 상상한다는 것은 그것을 맥락 속에서 상상한다는 것을 의미한다. 즉 그것이 활동들, 행동들, 실천들 속에서— 간단히 말해서, 하나의 삶의 형태 속에서— 사용되는 바와 같이 상상한다는 것을 의미한다. 하나의 삶의 형태는 항상 집단적이므로, 여기서 『논고』에는 없는, 언어의 사회적이고 문화적인 차원이 도입된다. 따라서 철학이 (사랑, 자유 또는 행복 같은) 많은 낱말의 의미에 관해 그러하듯이, 낱말들을 그것들의 언어 외적 맥락에서 분리하고 그 낱말들이 사용되는 삶의 형태에 관심을 두지 않고 그 의미를 묻는 것은 무익한 일일 것이다. 어떤 한 언어놀이를 이해하려면, 그것이 속하는 삶의 형태를 이해해야 한다. "만일 사자가 말할 수 있다면, 우리는 그를 이해할 수 없을 것이다"(*PU*, II, xi, 「327」). 왜냐하면 우리는 사자의 삶의 형태를 공유하지 않기 때문이다. 우리는 그러니까 한 나라의 주민들의 전통도 삶의 양식도 모르기 때문에 그들을 전혀 이해하지 못한 채 그 나라의 언어를 이해하는 이방인의 상황에 놓일 것이다.

3. 언어에 의해 걸린 마법에 맞서는
투쟁으로서의 철학

『철학적 탐구』의 어려움 중 하나는 비트겐슈타인이 쓴 글의 전문성에 있는 것이 아니라, 철학은 언어적 탐구와는 다른 것이리라는 야망의 포기에 상당하는 태도의 변화와 비용에 있다.

우리의 고찰 속에는 어떤 가설적인 것도 있어서는 안 된다. 모든 설명은 사라져야 하고, 오직 기술記述만이 그 자리에 들어서야 한다. 그리고 이 기술은 그것의 빛, 즉 그것의 목적을 철학적 문제들로부터 받는다. 이 철학적 문제들은 물론 경험적 문제들이 아니다. 그것들은 오히려 우리의 언어가 하는 작업에 대한 통찰에 의해서 풀리며, 게다가 그 작업을 오해하려는 충동에 대항하여 그 작업이 인식되는 식으로 풀린다. 이러한 문제들은 새로운 경험의 제시에 의해서가 아니라 오래전부터 우리에게 친숙한 것들을 나란히 놓음에 의해서 풀린다. 철학은 우리의 언어 수단에 의해 우리의 지성에 걸린

마법에 맞서는 하나의 투쟁이다. (*PU*, §109)

『논고』에서처럼, 『탐구』의 철학은 명료화를 원하며, 독단적이기를 원하지 않는다. 그리고 철학적 문제들은 해소됨으로써 해결된다. 그러나 한 가지 중요한 차이가 『논고』에서 권장된 철학적 방법과 『탐구』의 철학적 방법을 구별한다. 첫 번째 방법은 논리적 분석이다. 그것은 명제의 상이한 구성 요소를 식별하는 데 있다. 두 번째 방법은 (비트겐슈타인의 뜻으로) "문법적" 분석이다. 즉 그것은 낱말과 표현이 일상 언어에서 사용되는 방식에 관여한다. "이렇게 이해된 문법"은 규범적이지도 설명적이지도 않고, 단지 기술적이다.

> 문법은 언어가 그 목적을 충족하려면, 사람들에게 이러이러하게 영향을 주려면, 어떻게 구성되어 있어야 하는지를 말하지 않는다. 문법은 기호들의 쓰임을 단지 기술할 뿐이고, 어떤 방식으로도 설명하지 않는다. (*PU*, §496)

그래서 비트겐슈타인은 언어의 사용을 지배하는 규범들의 집합으로서 이해된 문법을 불신하는 데서 언어가 일상생활에서 실제로 사용되는 방식으로서의 문법을 신뢰하는 데로 이동한다.

『논고』에서처럼, "철학자는 문제를 질병처럼 다룬다"(*PU*, §255). 러셀과는 반대로, 비트겐슈타인은 철학에서 확실성이 아니라 명료성과 "사고 속의 평화"(*CV*, p. 109)를 추구한다:

우리는 우리의 말의 사용을 위한 규칙 체계를 전대미문의 방식으로 정화하거나 완비하려고 하지 않는다.

왜냐하면 우리가 얻고자 애쓰는 명료성은 물론 완전한 명료성이기 때문이다. 그러나 이는 단지, 철학적 문제들이 완전히 사라져야 한다는 뜻이다.

본래적인 발견은, 내가 원할 때 내가 철학하는 것을 그만둘 수 있게 해 주는 것이다.— 철학을 진정시켜, 철학이 더는 자기 자신을 문제로 삼는 물음들에 의해 채찍질 당하지 않도록 하는 것이다. (…)

하나의 철학 방법은 존재하지 않는다. 그러나 물론 방법들은 존재한다; 흡사 다양한 치료법들처럼 말이다. (*PU*, §133)

실제로, 『탐구』의 철학은 시대에 앞서 인지 치료의 한 측면을 띤다. 저자의 목표는 "파리에게 파리통에서 빠져나갈 출구를 보여 주는 것"(*PU*, §309)이고 철학자를 마비시키는 물음들에서 정신을 해방하는 것이다.

철학자들의 언어는 이미, 말하자면 너무 꽉 끼는 구두로 인해 기형화된 언어이다. (…) 철학자는 건전한 상식의 개념들에 도달할 수 있기 전에 자신 속에서 지성의 수많은 병을 치료해야만 하는 사람이다. (*CV*, pp. 103&109)

철학자는 비철학자들은 면제받은 장애로 고통을 겪으며, 보통 사람은 자연적으로 예방된 듯 보이는, 현실과 관계없는 물음들로 말려 들어간다.

"지성의 수많은 병"이 서로 다르므로 치료법은 서로 다르다; 이것이 『탐구』 해석의 다양성을 설명할 수 있게 해 준다. 브래드 칼렌버그Brad Kallenberg와 같이 우리는 이렇게 생각한다: "병들이 상이하므로, 비트겐슈타인을 읽는 것은 당연히 서로 다른 결론에 이른다. 저자들은 저마다 그 자신의 파리통을 벗어난 방법을 가장 잘 반영하는 '비트겐슈타인의 이론'을 옹호한다."(Kallenberg, 2001, p. 3) 『탐구』의 대화적이고 단편적인 측면은 다른 단락들을 희생시켜 가며 어떤 단락을 우선시하지 않는 해석을 불가능하게 만든다. 그리고 그 저자 비트겐슈타인은 자신의 글을 독자에게 제시할 거울로 여긴다(*CV*, p. 66 : "나는 단지, 나의 독자가 온갖 기형성을 지닌 자기 자신의 사유를 비추어 보고 바로잡을 수 있게 도와주는 거울이어야 마땅하다.") 이 때문에 『탐구』의 해석들은 비트겐슈타인 자신보다 해석가에 대해 더 많이 말한다.

정의定義를 일목요연한 봄으로 대체하다

가족 유사성의 개념은 한 낱말이나 개념을 정의하는 일이 그 개념을 포함하는 발언들이 사용되는 구체적인 경우를 넘어서 어떤 하나의 본질을 상정해야 하는 것 없이도 가능하게 한다. 비트겐슈타인에게는, 본질에 관한 이러한 탐구가 "철학적 질병"의 뿌리에 있다. 우리는 "거친 대지"로 다시 돌아감으로써, 그리고 생각하는 것보다는 오히려 보는 것을 상기함으로써, 그러한 병에서 치유될 필요가 있다:

철학자들이 어떤 낱말—"지식", "존재", "대상", "자아", "명제", "이름"—을 사용하며 사물의 본질을 파악하려 애쓸 때, 우리들은 언제나 이렇게 자문해 보아야 한다. 즉: 대체 이 낱말은 자신의 고향인 언어에서 실제로 늘 그렇게 사용되는가?

우리가 하는 일은 낱말들을 그것들의 형이상학적 사용으로부터 그것들의 일상적인 사용으로 다시 돌려보내는 것이다. (*PU*, §116)

예를 들어, "알다"라는 동사는 철학 수업에서 말고는 반성적으로 거의 사용되지 않는다. "내가 안다는 것을 나는 어떻게 아는가?"라는 물음을 자기에게 제기하는 사람은 인식론 수업에서 말고는 아무도 없다. 철학 수업에서만 제기되는 물음은 어떤 낱말들을 다른 방식으로, 그리고 일상적 삶의 방식이 아닌 방식으로 사용한다.

> 우리가 철학을 할 때, 우리는 문명화된 사람들의 표현 방식을 듣고서 그것을 오해하는, 그리고 이제 그러한 해석들로부터 가장 이상한 결론들을 끌어내는 미개인들, 원시적인 사람들과 같다. (*PU*, §194)

언어의 쓰임과 그것에 대한 이해는 공유된 삶의 형태에, 공통된 행동과 실천에 의존하므로, 개념의 본질에 대한 추구는 헛된 기획이다. 이 낱말들이 사용되는 상이한 방식들을 나란히 놓음으로써 일목요연한 조망을 제공하는 것이 더 나을 것이다:

> 우리의 몰이해의 한 가지 주요 원천은, 우리가 우리의 낱말들의 쓰임을 일목요연하게 보지 못한다는 것이다.—우리의 문법에는 일목요연성이 결여되어 있다.—일목요연한 묘사가 이해를 성사시키며, 이해란 다름 아니라 우리가 '연관들을 본다'는 데 있다. (⋯)

일목요연한 묘사란 개념은 우리에게 근본적인 의미가 있다. 그것은 우리의 묘사 형식을, 우리가 사물들을 보는 방식을 지칭한다. (*PU*, §122)

2500년의 서양철학을 "우리의 낱말들의 쓰임에 대한 일목요연한 조망"으로 대체하는 전망에 거의 확신이 없는 사람들에게 비트겐슈타인은 다음과 같이 손실의 규모를 최소화함으로써 대응한다:

우리의 고찰은 어디로부터 그 중요성을 얻는가? 우리의 고찰은 단지 모든 흥미 있는 것, 즉 모든 위대한 것과 중요한 것을 파괴하는 것으로만 보이는데 말이다. (말하자면 오직 돌 부스러기들과 폐허만을 남겨 놓으면서 모든 건축물을 파괴하는 것으로 보이는데 말이다.) 그러나 우리가 파괴하는 것은 오직 공중누각들일 따름이다. 그리고 우리는 그것들이 서 있었던 언어의 토대를 드러내고 있는 것이다. (*PU*, §118)

4. 사적 언어의 불가능성

  사람은 자기 자신을 격려하고, 자기 자신에게 명령하고, 복종하고, 자기 자신을 꾸짖고, 벌주고, 자기 자신에게 물음을 제기하고 그것에 대해 대답할 수 있다. 그러므로 우리들은 또한 오직 독백으로만 말하는 사람들을 생각할 수 있을 것이다. (…)

  그러나 어떤 사람이 자신의 내적인 체험들—자신의 느낌, 기분 등—을 자신만의 쓰임을 위해 기입하거나 발화할 수 있을 언어도 생각될 수 있을까?—대체 우리가 그런 일을 우리의 일상적인 언어에서는 할 수 없는가?—그러나 내 뜻은 그게 아니다. 이 언어의 낱말들은 오직 말하는 사람만이 알 수 있는 것과 관련되어야 한다. 즉, 그의 직접적인, 사적인 감각들과 말이다. 따라서 다른 사람은 이 언어를 이해할 수 없다.(*PU*, §243)

  비트겐슈타인이 염두에 두는 사적 언어는 나만이 해독할

수 있을 암호화된 언어가 아니라, 다른 누구도 경험할 수 없는 직접적이고 사적인 감각들을 지시하는 언어이다. 그것은 러셀(1918, pp. 25~26)의 "논리적으로 완벽한 언어"이다. 그것은 감각의 직접적인 자료들을 가리킬 수 있게 하지만, 그 어휘가 "대단히 사적일 것"이기 때문에, 즉 오직 화자만이 그가 명명하는 경험적 자료에 접근할 수 있을 것이기 때문에, 의사소통에는 부적절할 것이다. 그렇지만 그런 언어의 가능성은 현대 인식론과 형이상학, 그리고 현대 심리 철학과 인지 과학 같은 더 새로운 분야의 명시적이거나 묵시적인 전제이다. 비트겐슈타인 학도는 이러한 분야들이 비트겐슈타인에 대한 "망각"의 대가로 발전할 수 있었을 뿐이라고 말할 수 있을 것이다. 이른바 "사적 언어 논의"는 규칙과 그것의 적용 문제를 가리킨다. 그 논의는 비트겐슈타인 학의 흥미로운 한 사례를 예시한다: 비트겐슈타인 학도들은 그것의 내용과 그것의 대상, 그리고 그것의 타당성에 관한 문제에서 늘 나뉘어 있는데, 주석가들이 비트겐슈타인의 텍스트에서 알아보는 것은 "설명되지 않았거나 비트겐슈타인도 공유하는지가 검증되지 않은, 그들 자신의 전제들" (Candlish and Wrisley, 2014)인 경향이 있다.

1982년까지 "사적 언어 논의"는 비트겐슈타인이 그런 언어의 불가능성을 보여 주는, 일반적으로 『탐구』 §243과 §315 사이에서 선별된 단락들의 발췌에 대응했다. 1982년, 솔 크립키는 "진정한 사적 언어 논의"를 §202에 둠으로써 하나의 작은 혁명을 부추긴다. 그에 의하면, §243은 §202에 비추어 읽어야 한다:

그렇기 때문에, '규칙을 따른다'는 것은 하나의 실천이다. 그리고 규칙을 따른다고 믿는 것은 규칙을 따르는 것이 아니다. 그리고 그렇기 때문에 우리들은 규칙을 '사적으로' 따를 수 없다. 왜냐하면, 그렇지 않다면, 규칙을 따른다고 믿는 것은 규칙을 따르는 것과 동일한 것일 터이기 때문이다. (*PU*, §202)

만일 나의 언어가 완전히 사적이라면, 나는 주어진 낱말에 대한 나의 사용이 올바른지 어떤지 알 어떤 방법도 없을 것이다. 나만이 유일하게 접근할 수 있을 경험적 자료는 낱말의 의미를 구성할 수 없다. 왜냐하면 의미는 (허다한 경우에) 낱말의 쓰임이고, 이 후자는 어떤 한 공동체 안에 닻을 내린 삶의 형태를 지시하기 때문이다. 규칙을 따른다는 것은 "하나의 보고를 한다는 것, 하나의 명령을 내린다는 것, 하나의 장기놀이를 한다는 것"(*PU*, §199)과 똑같이 사회적 실천이다.

초청 연사를 부지깽이로 위협할 수 있는가?

비트겐슈타인과 칼 포퍼 사이의 유명한 언쟁이 일어난 것은 1946년 10월 25일이었다. 포퍼는 케임브리지의 도덕과학 클럽(비트겐슈타인은 그 클럽의 회장이었다)에서 발표해 달라고 초청받고 일부러, 철학적 문제는 엄밀히 말하면 존재하지 않는다는 비트겐슈타인의 생각을 공격하기로 작정한다.

포퍼 옹호자들과 비트겐슈타인 옹호자들은 철학에 대한 두 대립된 관점의 대표자들이 대면한 이 만남이 지속되었던 10분 동안 "실제로 무슨 일이 벌어졌는가"라고 하는 물음에 관해 언제나 갈라진다.

포퍼는 자서전에서 그 사건에 관해 다음과 같이 이야기한다:

"1946~47학년도 초에 나는 케임브리지 도덕과학 클럽의 총무로부터 '철학적 난문puzzle'에 관해 연구 논문을 좀 발표해 달라고 초청을 받았다. 그 표현이 비트겐슈타인에 의한 것이라는 것, 그리고 그 배후에는 철학에 진정한 문제는 없고 오직 언어적 난문들만 존재한다는 비트겐슈타인의 논제가 있다는 것이 물론 분명했다. 이 논제는 내가 아주 싫어하는 것들 가운데 속해 있었기 때문에, 나는 '철학적 문제들이 있는가?'에 관해 이야기하기로 했다."
(Popper, 1974, p. 140)

기억할 것은, 그 당시 포퍼는 『열린 사회와 그 적들』(1945)을 막 출간했는데, 이 책은 비트겐슈타인에 대한 15개 이상의 적대적인 언급을 포함하며, 철학이 이론화가 아니라 해명 활동이라는 비트겐슈타인의 철학 개념을 비판한다는 점이다.

포퍼는 비트겐슈타인의 개입을 다음과 같이 기술한다:

"나는 말을 이어 나갔다. 만일 내가 진정한 철학적 문제는 없다고 생각했다면, 나는 분명 철학자가 아닐 거라고 말이다; 그리고 [내가] 철학자임에 대한 유일한 정당화는, 많은 사람이, 혹은 아마도 모든 사람이, 많은 혹은 아마도 모든 철학적 문제들에 대해 옹호될 수 없는 해결책들을 생각 없이 채택한다는 사실이 제공했다고 말이다. 비트겐슈타인이 다시 벌떡 일어나서, 내 말에 개입했다. 그는 난문들에 관해서, 그리고 철학적 문제들이 존재하지 않음에 관해서 길게 이야기했다. 나는 적당해 보이는 순간에 그의 말을 끊고 내가 준비했던 철학적 문제들의 목록을 제시했다. 가령, 우리는 우리의 감관을 통해 사물들을 아는가? 우리는 우리의 지식을 귀납으로 얻는가? 비트겐슈타인은 이것들을 철학적이라기보다는 논리적인 것으로 일축했다. 그 다음에 나는 잠재적이거나 심지어 실제적인 무한이 존재하는가 하는 문제를 언급했는데, 그는 그 문제를 수학적인 것으로 일축했다. (…) 그다음에 나는 도덕적 문제들과 도덕 규칙의 타당성 문제를 거론했다. 그 지점에서 비트겐슈타인은 나에게 '도덕 규칙의 예를 하나 제시해 보세요'라고 이의를 제기했다. 그는 난롯가에 앉아 있었는데, 때때로 자신의 주장들을 강조하기 위해 부지깽이를 지휘봉처럼 사용하면서 신경질적으로 흔들어 댔다. 나는 '초청 강연자를 부지깽이로 위협하지 않는 것'이라고 대꾸했다. 그러자 비트겐슈타인은 격노해서 부지깽이를 패대기치고는, '쾅' 하고 문을 닫으면서 방을 뛰쳐나갔다. 나는 망연자실해졌다. 나는 비트겐슈타인을 자극해, 그가 진정한 철학적 문제는 없다는 자신의 견해를 옹호하도록 부추기고는, 이 문제에 대해 그와 싸우기를 희망하면서 케임브리지에 갔다는 것을 인정한다. 그러나 나는 결코 그를 화나게 만들려고 의도하지는 않았다; 그리고 그가 농담을 알아보지 못한다는 것을 발견하고는 놀랐다. (…) 비트겐슈타인이 우리를 떠난 후, 우리는 매우 유쾌한 토론을 했는데, 버트런드 러셀이 그 주요 발언자 중 한 사람이었다. 그리고 나중에 브레이스웨이트Braithwaite는 내가 비트겐슈타인을 그가 다른 모든 사람을 가로막는 방식으로 가로막아낸 유일한 사람이라고 말함으로써 나에게 찬사(아마도 의심스러운 찬사)를 보냈다." (Popper, 1974, pp. 140~142)

비트겐슈타인을 화나게 만드는 것은 공적에 속하지 않았다(오스트리아의 산골 여자 초등학생들도 그 일은 아주 잘 해냈다). 그러나 가장 그럴듯한 것은, 비트겐슈타인은 포퍼의 재치 있는 임기응변에 대한 반응으로 방을 나간 것이 아니라, 자신에게 부지깽이를 내려놓으라고 엄명하면서 끼어든 러셀에 대한 반응으로 방을 나갔다는 것이다. 포퍼도 아마 그의 유명한 문구를 비트겐슈타인이 떠난 **후에**, 그리고 청중 가운데 한 사람의 질문에 대한 대답으로 발언했을 것이다 (Edmonds et Eidinow, 2002, p. 276). 러셀은 그 사건에서 "제삼자"였는데, 포퍼는 그의 호의를 얻으려고 비트겐슈타인과 일종의 모방 경쟁을 벌이면서 부질없이 애쓴 것이다. 부지깽이로 말하자면, 비트겐슈타인은 그것을 결코 『열린 사회와 그 적들』의 저자를 위협하기 위해 이용한 적이 없다. 그리고 어떤 증언에 따르면, 그는 심지어 문을 조용히 닫고 나갔다.

이 만남 이후 거의 30년 후에, 포퍼는 여전히 계속하여 비트겐슈타인에 대해 살인적인 비판을 쏟아 냈다:

"내 생각으로는, 비트겐슈타인(그의 후기 작업)은 파리에게 파리 병에서 빠져나오는 길을 보여 주지 않았다. 오히려 나는 파리 병에서 탈출할 수 없는 파리에서 비트겐슈타인의 충격적인 자화상을 본다. 비트겐슈타인은 비트겐슈타인의 한 사례였다—꼭 프로이트가 프로이트의 한 사례였던 것처럼 말이다." (Popper, 1994, pp. 178~179)

규칙을 따른다는 것은 무엇인가?

자신의 방법에 충실하게, 비트겐슈타인은 규칙의 개념을 정의하지는 않지만, 예들(체스 규칙들이나 계산 규칙들)을 제공한다. 한 낱말을 이해한다는 것이 그것을 사용할 줄 안다는 것을 의미한다면, 어떤 한 규칙을 이해한다는 것은 그것을 적용하거나 따를 줄 안다는 것을 의미한다. 그렇지만 역설은 "어떤 행위 방식도 하나의 규칙과 일치하게 만들어질 수 있으므로, 규칙은 어떤 행위 방식도 확정할 수 없으리라는 것이었다. 이에 대한 대답은, 어떤 행위 방식도 하나의 규칙과 일치하게 만들어질 수 있다면, 그것은 또한 모순되게도 만들어질 수 있다는 것, 따라서 여기에는 일치도 모순도 존재하지 않으리라는 것

이었다." (*PU*, §201)

　모든 규칙은 양립 불가능한 여러 해석을 받아들일 수 있다. 크립키(1982, pp. 87~89)의 예를 다시 들자면, 내가 56을 넘어서는 두 수를 더해 본 적이 한 번도 없다고 해 보자. 내가 57과 68을 합하면, 나는 125를 얻는다. 그러나 회의주의자는 내가 틀렸고 정답은 다음 규칙에 의해 5라고 여길 수 있다: "56을 넘어서는 두 수의 합은 항상 5이다". 우리는 이러한 규칙이 부조리하다고 여길 수도 있지만, 그것은 이전의 나의 모든 더하기와 양립할 수 있다. 그렇다면 그 규칙의 규범적 힘에서 무엇이 남는가? 그 규칙의 올바른 적용과 잘못된 적용을 어떻게 구별하는가? 기준은 그 규칙의 진술에서 발견될 수 있는 게 아니라, 그 규칙의 적용으로 야기될 수 있는 비인지적 반응들에서 발견될 수 있다.

　해석이 아닌 규칙 파악, 오히려 적용의 경우에 따라, 우리가 '규칙을 따른다'라고 부르는 것과 '규칙을 위반한다'라고 부르는 것에서 표출되는 규칙 파악이 존재한다. (*PU*, §201)

　이 파악은 인지적이 아니고, 누군가가 규칙을 적용하거나 위반할 때 우리가 보이는 반응들에서 표출된다. 규칙의 이해는 우리의 행동을 결정할 정신 상태가 아니라, 어떤 방식의 행동

성향이다. 비트겐슈타인은 그러니까 규칙의 사회적 차원을 위해 규칙의 인지적 차원을 피한다:

> 아무튼 이해를 '심리적인 과정'으로서는 결코 생각조차 하지 말라! — 왜냐하면 그것은 당신을 혼란시키는 말투이기 때문이다. 오히려 이렇게 자문해 보라: 대체 어떤 경우에, 어떤 상황에서 우리는 "이제 나는 계속해 나갈 줄 안다"라고 말하는가? (*PU*, §154)

그러므로 아무개가 이러저러한 규칙을 적용할 줄 안다고 우리들이 인정하는 경우들을 열거하는 것이 중요하다.

그러니까 사람들의 일치가 무엇이 옳으며 무엇이 그른지를 결정한다, 이런 말인가? 비트겐슈타인은 다음과 같이 대답한다:

> 사람들이 말하는 것은 옳고 그르다; 그리고 언어에서 사람들은 일치한다. 이것은 의견들의 일치가 아니라, 삶의 형태의 일치이다. (*PU*, §241)

여기서 삶의 형태는 『논고』에서 명제의 일반 형식("사정이 이러이러하다"(*TLP*, 4.5))의 역할과 유사한 역할을 한다: "받

아들여져야 하는 것, 주어진 것은 삶의 형태들이라고 할 수 있
을 것이다." (*PU*, 2부 xi [345])

1947년의 비트겐슈타인

5. 내면성[의 그림]에 대한 비판

비트겐슈타인은 자신의 내면세계와 자기 자신의 감각에 유일하게 접근할 터인 주체라는 데카르트적 환상, 연장 실체res extensa와 구분된 사유 실체res cogitans를 비판한다:

낱말들은 어떻게 감각들과 관련되는가? (···) 이름과 명명된 것과의 결합은 어떻게 이루어지는가? 이 물음은, 사람은 어떻게 감각에 대한 이름들의 의미를 배우는가 하는 물음과 같다. 예컨대, "고통"이란 낱말의 의미를 어떻게 배우는가. 하나의 가능성은 이것이다. 즉, 말들이 감각의 근원적인, 자연적인 표현과 결합되고, 그 자리를 대신한다는 것이다. 어린아이가 다쳐서 울부짖는다; 그리고 그때 어른들은 아이에게 말을 걸고, 그에게 외침들을 그리고 나중에는 문장들을 가르친다. 그들은 아이에게 새로운 고통 행동을 가르친다. "그러니까 당신의 말은, '고통'이란 낱말은 실제로는 울부짖음을 의미한다는 것인가?"—그 반대다; 고통의 언어적 표현

은 울부짖음을 대체하며, 울부짖음을 기술하지 않는다.(*PU*, 244)

"나는 아프다"라고 말하는 사람은 그로써 자신만이 접근할 수 있는 내적이고 사적인 세계를 기술하는 것이 아니라, 예컨 대 비명이나 눈물에 의해 비언어적으로 표현할 수 있을 고통을 표현하는 것이다.

러셀의 경험주의와 논리적으로 완벽한 언어의 소박한 옹호 자는 "오직 나만이 내가 실제로 고통스러운지를 알 수 있다; 다 른 사람은 그걸 단지 추측할 수 있을 뿐이다"(*PU*, §246)라는 점 에서 내 감각들이 사적이라고 생각할 수 있을 것이다. 그러나 한편으로, 비트겐슈타인이 지적하듯이, 다른 사람들은 내가 아픈지를 매우 자주 안다. 그리고 다른 한편으로, "나는 아프 다"가 울부짖음과 마찬가지로 고통의 표현이라면, 그것은 내 가 무시할 수 있을 어떤 정보를 전달하는 명제가 아니다. "나는 내 이가 아프다는 것을 안다"라고 말하는 것은, 그 반대말이 뜻 이 없기 때문에, '알다'라는 동사의 부적절한 사용일 것이다: 나는 내 이가 아프다는 것을 알지 못하면서 치통을 지닐 수 없 다. 비트겐슈타인은 1인칭 단수와 3인칭 단수 사이의 비대칭 성을 탐구한다: "나는 내가 아프다는 것을 안다"나 "나는 내가 아프다는 것을 의심한다"라고 말하는 것은 '안다'나 '의심한다'라는 동사의 문법에 속하지 않는다. 그 동사들을 그 문법에 맞게 사용하는 표현들인 "나는 그가 아프다는 것을 안다"나 "나는 그가 아프다는 것을 의심한다"와는 반대로 말이다.

『탐구』의 저자는 어떤 것을 기억해 낸다는 사실과 같은 심리적 과정의 존재를 부정하지 않지만, "'내적 과정'의 그림"에는 반대한다:

> 우리가 부정하는 것은, 내적 과정의 그림이 우리에게 "기억해 낸다"란 낱말의 사용에 관해 올바른 관념을 제공한다는 것이다. 실로 우리는 말한다. 즉, 이 그림은, 그 갈래들과 더불어, 있는 그대로의 낱말 사용을 보지 못하게 방해한다고 말이다. (PU, §305)

그는 정신적 명제들을 행동 성향들로 환원하지도 않는다: 자신의 고통을 내보이지 않고 고통을 겪는 것은 자신이 지니지 않은 고통을 가장하는 것처럼 고통의 언어놀이에 속한다.

비트겐슈타인의 이러한 몇 가지 언급들은 인지주의적 정통성에 대한 비판과 (인간 정신의 집단적 성격에 관해 강조하는) 인간 정신의 외면성 논제를 옹호하는 데 활용되어 왔다 (Descombes, 1995).

비트겐슈타인과 케인스 : 교차하는 평행선?

"자, 신이 도착했습니다. 나는 그를 5시 15분 기차에서 만났습니다." 1929년 1월 18일, 비트겐슈타인이 케임브리지로 귀환한 날에 케인스는 그의 배우자 리디아 로포코바에게 이렇게 썼다(Monk, 1990, p. 255). 이 귀환은 부분적으로 적군의 이 옛 전사戰士를 자기 집에 머물게 하고 그를 케임브리지의 사회생활로 다시 끌어들이고 그곳에서 그가 특별 연구원 지위를 얻게 돕는 케인스의 고집과 도움 덕이다. 1912년 케임브리지에서 그들이 만난 이후 케인스가 비트겐슈타인에게 제공한 물질적·비물질적 도움은 지나치게 평가될 수 없을 것이다. 거기에는 1914년 비트겐슈타인의 "재정적 자살" 이후의 귀중한 재정적 도움이나 케임브리지에서의 교섭들, 또는 러시아 여행을 위한 다른 교섭들, 혹은 영국 시민권을 얻기 위한 교섭들 등등이 있다.

케임브리지에 도착하자 비트겐슈타인은 『논고』를 비판하는 일과 그 자신의 영향을 받은 학생들을 치료하는 일에 전념한다. 그리하여 "전기"와 "후기"의 비트겐슈타인을 가르는, 그의 사상에서 "중기中期"라고 불리는 시기가 시작되는데(Hintikka et Hintikka, 1986, p. 147), 이것은 1936년까지 펼쳐진다. 그의 존재는 철학에 관한 케인스의 관심을 되살린다. 케임브리지의 킹스 칼리지(그 자산을 케인스가 관리했다)의 작은 영토에서 모인 그 두 친구와 동료들은 오스트리아 철학자의 독백이 지배하는 긴 토론들을 한다.

두 친구의 지적 여정을 비교하면 다음과 같은 평행선을 확립할 수 있다: "비트겐슈타인의 두 번째 철학이 있듯이, 케인스의 두 번째 경제학이 있다: 둘 다 같은 캠퍼스에서, 1933년에 일어난 같은 결정적 전환점과 함께, 같은 기간(1930~1936)에 생성되었다."(Favereau, 2005, p. 403) 그 평행선은 1929년부터 1936년까지 케인스의 저술에서 볼 수 있다: 1936년에 출판된 『고용, 이자 및 화폐의 일반이론』(TG)이 "경제학의 관점에서 『화폐론』(1930에 출판됨)에 대해 지니는 관계는, 약간의 수정을 가하면, 철학에서 비트겐슈타인의 유작인 『철학적 탐구』(1953)가 『논리-철학 논고』(1921)에 대해 지니는 관계와 같다. (…) 전기와 후기의 두 비트겐슈타인이 있듯이, 두 케인스가 있다. 그리고 첫 번째에서 두 번째 케인스로의 이행은 전기에서 후기 비트겐슈타인으로의 이행과 인상적인 평행선을 이룬다. 첫 번째나 두 번째 모두, 문제는 인문과학 분야와 사회과학 분야, 특히 경제학과 철학에서 일상 언어와 학술 언어 각자의 자리 문제이다."(Favereau, 2005, p. 404) 『화폐론』(TM)에는 없는, 경제학적 정통성이란 개념이 TG에 나타난다. TG의 프랑스판 서문에서 케인즈는 영국의 정치경제학을 지배하고 오늘날 우리가 신고전파라고 부르는 것에 상응하는 "정통성"을 거론한다. TM이 그 속에 여전히 포함된 이 정통성은 "불변의 교리"가 아니다. 그것은 "점차 진화한다. 그러나 그것의 공준, 그것의 정신, 그것의 방법은 놀랍게도 같은 것으로 남으며, 하나의 주목할 만한 연속성이 변화를 가로지르며 구별된다."(Keynes, 1936, p. 5) 그것은 그것의 맹점盲點, 그것이 통합할 수 없는 경제적 사실, 즉 비자발적이고 지속적인 대량 실업의 가능성으로 특징지어진다. 과도한 수준의 실질 임금 때문이 아니라, 세계적 수요의 부족 때문일 실업 말이다. (그 수요 부족 자체를 야기하는 것은, 그들의 비관적 예견이 죄다 자기실현적 예언인 기업가들의 상업적 기대들이다.)

케인스는 정통 경제학의 두 공준公準, 즉 한편으로는 임금과 한계 생산물의 균등성과 다른 한편으로는 주어진 고용량에 대한 임금의 효용과 이 고용량의 한계 비효용의 균등성이라는 두 공준 때문에, 비자발적 실업이 정통 경제학에서는 생각할 수 없는 것임을 보인다. 그러나 이 공준들이 항상 정당화되는 것은 아니며 정통 경제학은 이 공준들이 검증되는 제한된 수의 경우에만 유효하다.

비트겐슈타인과 케인스 사이의 평행선이 쉽게 확립될 수 있다면, 후자에 대한 전자의 정확한 영향은 열린 채로 남아 있다. TG의 저자는 비트겐슈타인을 인용하지 않으며, 언어놀이에 관해 말하지도 않는다. 그럼에도 불구하고 올리비에

파브로Olivier Favereau는 "케인스의 두 번째 경제학의 내용을 비트겐슈타인의 후기 철학에 비추어 해석 가능"하다는 "비트겐슈타인 가설"을 제안한다. 후자의 영향은 케인스가 일상 언어에 부여한 중요성 속에서, 그리고 정통 경제학자들의 언어에 대한 그의 접근 방식 속에서 감지할 수 있는데, 그것은 그들의 언어를 경제적 실재의 거울로서가 아니라 그 실재의 지각을 형성하는 언어놀이로서, 그리고 그 언어를 사용하는 사람들이 모종의 실재들을 보지 못하게 방해하고 부분을 전체로 파악하게 하는 눈가리개로 기능하는 언어놀이로서 보는 것이다.

그 역의(비트겐슈타인에 대한 케인스의) 영향은 거의 개연성이 없다(Coates, 1996, p. 133).

6. 심리학에 대한 비판

『탐구』는 "과학적" 심리학의 기획에 대한 비판을 포함한다. 이 심리학은 소박한 심리학에 대해 연금술에 대한 화학의 존재와 같은 것이 되고자 하며, 물리학을 모델로 취한다. 그런데 비트겐슈타인에게는, 심리학이 "심리적 영역의 과정들을 물리학이 물리적 영역의 과정들을 다루는 것처럼" 다루지 않는 한, 물리학은 적절한 모델이 아니다.

> 본다는 것, 듣는다는 것, 생각한다는 것, 느낀다는 것, 원한다는 것은 물체의 운동, 전기적 현상 등이 물리학의 대상들인 것과 같은 뜻에서 심리학의 대상들이 아니다. (*PU*, §571)

왜냐하면 물리학자는 그가 보는 현상들을 관찰하고 연구하는 데 반해, 심리학자는 그가 보지 않는 현상들의 (행동에서의) 표현만을 관찰하기 때문이다.

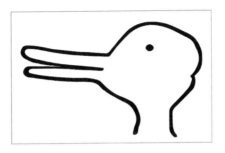

'본다'는 것을 고찰하며 비트겐슈타인이『철학적
탐구』2부에서 사용한 토끼-오리 머리 도형

심리학의 혼란과 황량함은 심리학이 "젊은 학문"이라는 점
으로는 설명될 수 없다; 심리학의 상태는 예컨대 초창기의
물리학의 상태와 비교될 수 없다. (⋯) 왜냐하면 심리학에는
실험적 방법들 및 개념의 혼란이 존재하기 때문이다. (*PU*, 2
부 xiv [371])

근본적인 개념적 혼란은 단지 행동들만 있는 곳에서 "심리
학적 현상들"을 보는 데 있다: "보다, 믿다, 생각하다, 소망하
다란 심리학적 동사들은 현상들을 지칭하지 않는다. 그러나 심
리학은 봄, 믿음, 사유, 소망의 현상들을 관찰한다."(*Z*, §471)
비트겐슈타인은 심리적 과정들의 존재를 부정하지 않지만,
이 과정들과 두뇌 과정들의 상관관계는 거부한다:

두뇌 속의 어떠한 과정도 연상 작용이나 사유와는 상관이 없다는 것, 그래서 두뇌 과정들로부터 사유 과정들을 읽어내는 것은 불가능하다는 것,—나에게는 이보다 더 자연스러워 보이는 가정은 없다. (*Z*, §608)

그러므로 어떤 심리학적 현상들은 생리학적으로 탐구될 수가 없다. 왜냐하면 생리학적으로는 그것들에 아무것도 대응하지 않기 때문에. (*Z*, §609)

심리학적 현상들의 언어놀이, 예를 들면 기억해 냄의 언어놀이는 우리가 그에 상응하는 생리학적 과정을 믿게 함으로써 우리를 오도한다:

나는 이 사람을 수년 전에 본 적이 있다; 이제 나는 그를 다시 보고, 그를 인지하며, 그의 이름을 기억해 낸다. 그런데 이제 이러한 기억해 냄에 대한 원인이 나의 신경계 속에 존재해야 하는가? 왜 그 어떤 것인가가, 그것이 무엇이건 간에, 그 어떤 형식으론가 거기에 저장되어 있어야 하는가? 왜 그가 어떤 흔적을 남겼어야 하는가? 왜 아무런 생리학적 법칙성에도 대응하지 않는 심리학적 법칙성이 존재해서는 안 되는가? 만일 그것이 우리의 인과성 개념들을 파기한다면, 그렇다면 그것들이 파기될 때가 온 것이다. (*Z*, §610)

인간 행동에 관한 관심, 그리고 사적인 내면세계와 모든 사람이 관찰할 수 있는 외면 세계 사이의 구분에 대한 비판은 비트겐슈타인에게 모종의 행태주의를 부여할 수 있게 해 줄 것 같다. 그 자신 그런 의문을 예상하고 대답한다.

"그럼에도 불구하고 당신은 변장한 행태주의자가 아닌가? 당신은 어쨌든, 근저에서는, 인간의 행동 이외의 모든 것이 허구라고 말하고 있지 않은가?"—내가 허구에 관해 이야기하고 있다면, 그것은 문법적 허구에 관한 것이다. (*PU*, §307)

심리학의 경우, 허구는 행동들을 기술하기 위해 정신적 어휘를 사용하는 것에 있을 것이다.

V. 인식론자 비트겐슈타인

나는 어떤 철학자와 함께 정원에 앉아 있
다. 그는 우리 근처에 있는 한 나무를 가리
키면서 "나는 저것이 나무라는 것을 안다"
라고 여러 번 반복해서 말한다. 제3의 인
물이 다가와서는 그 말을 듣는다. 그리고
나는 그에게 말한다: "이 사람은 돌지 않
았다. 우리는 단지 철학하고 있을 뿐이다."
(G, §467)

1. 나는 내가 꿈을 꾸고 있지 않다는 것을 어떻게 알 수 있는가?

철학에서 "회의주의의 도전"에 관해 말할 때, 우리는 어떤 명제에 대해서도 동의하기를 거부하는, 그리고 우리 의식에 외부적인 세계가 실제로 존재한다는 것, 우리가 우리의 감각을 신뢰할 수 있다는 것, 독자가 이 책을 읽고 있다는 꿈을 꾸고 있지 않다는 것 등을 증명하라고 우리에게 독촉하는 어떤 불길하고 모호한 존재를 상상한다. 회의주의의 망령은 그 출현 이후 철학에 들러붙어 25세기 동안 제안된 응답에도 살아남았다. 그것은 근대 초기에 갱신된 기운과 더불어, 즉 우리가 사악한 정령에 의해 체계적으로 속고 있을 가능성을 부정하기 위해 신적 보증에 의지한 신학적 해결(데카르트에 의해 여전히 채택된 해결)의 포기와 더불어 재등장했다.

G. E. 무어(1873-1958)

확실성의 문법과 앎의 문법

전쟁 직전에 출판된 한 논문에서 무어(1939)는 우리의 마음에 외부적인 사물들의 존재에 대한 증명을 제안한다. 그는 "여기에 한 손이 있다"라고 말하면서 오른쪽 손동작을 한 다음 "그리고 여기에 다른 한 손이 있다"라고 말하면서 왼쪽 손동작을 하고 나서, 적어도 두 손으로 구성될 외부 세계가 존재한다고 결론을 내린다.

무어가 강조하듯이, "여기에 한 손이 있다"라고 말하면서 내가 내 손을 보일 때, 나는 거기에 한 손이 있다는 것을 안다. 그 반대를 제안하는 것, 예를 들어 "여기에 한 손이 있지만, 나는 그걸 모른다"라고 말하는 것은 부조리할 것이다. 그러므로 적어도 두 손으로 구성된 외부 세계가 존재한다. 회의주의자가 무어는 자기 두 손이 존재함을 실제로 입증함이 없이 자기 두 손을 보이는 것으로 그쳤다고 무어를 비난할 수 있는 한, 무어는 자신의 증명이 회의주의자를 만족시키지 못할 수 있다는 것을 예견한다. 어쨌든, 혹자는 무어가 어떤 환각의 희생양이라고, 혹은 전쟁에서 두 팔을 잃었는데 자기에게 두 손이 있다고 꿈을 꾸고 있는 상이군인이라고 상상할 수 있을 것이다. 무어는 자기가 깨어 있다고 믿을 좋은 이유들이 있다고 여기지만, 자기가 꿈을 꾸고 있지 않다는 것을 증명할 수는 없음을 인정한다. 그에게는, 그런 회의주의를 반박하는 것은 불가능하다. 그렇지만, 자기에게 두 손이 있음을 증명하지 못한다는 것은 그의 논증의 타당성을 조금도 훼손하지 않는다. 왜냐하면, 어떤 것을 증명할 수는 없어도, 그것을 아는 것은 가능하기 때문이다. 그 논증의 두 전제("여기에 한 손이 있다, (…) 그리고 여기에 다른 한 손이 있다")를 증명할 수 없다고 해서 그것이 그논증을 부당하게 하지는 않는다.

비트겐슈타인은 생애 마지막 2년 동안 의심과 확실성의 문제에 사로잡혔는데, 그가 이 문제에 흥미를 갖게 된 것은 1949년에 그가 이타카에서 친구이자 제자인 노먼 맬컴의 집에 머무는 동안이었다.『확실성에 관하여』는 1949년 5월부터 1951년 4월까지 2년의 기간 동안 작성되었고 그 마지막 것은 그의 죽음 이틀 전에 작성된 일련의 소견들이다. (거기서 그는 자신의 일상을 자신의 철학적 성찰에 전형적인 방식으로 통합하면서, 자신이 사용하는 치료제들을 언급한다.) 이 텍스트에서 비트겐슈타인은 자기가 "계속해서 어떤 것을 잘못 놓아두고서는 그것을 다시—한번은 안경을, 한번은 열쇠꾸러미를—찾아야 하는 노파처럼 철학하고 있다"(G, §532)고 믿는데, 여기서 우리들은 절정에 이른 비트겐슈타인의 천재성을 볼 수 있다.

비트겐슈타인은 확실성과 앎의 문법을 연구한다. 그리고 무어가 ("그의 두 손의 존재"라는) 어떤 한 사실을 그것에 관한 그 자신의 확신으로부터 도출한 것을 두고, 그것은 확실성의 문법에 어긋나는 것이라고 비난한다.

> 확실성은 말하자면 우리들이 사태를 확언할 때의 어조이다. 그러나 우리들은 자신이 정당하다는 것을 그 어조에서 추론하지는 않는다. (G, §30)

"나는 안다"라는 표현에 대한 무어의 사용은 너무 느슨하기 때문에 "잘못된" 것이다. 그 표현은 특정한 문맥에 유보되어야 한다. 무어는 "나는 p라는 것을 믿는다"라고 말하는 것이 내가 나에게 p라는 믿음을 부여하는 것을 허용하는 것과 똑같이, "나는 p라는 것을 안다"라고 말하는 것은 내가 나에게 p라는 인식을 부여하는 것을 허용한다고 생각하는 것처럼 보인다. 달리 말해서, 무어는 " '나는 …안다'라는 진술이 오류일 수 없다"
고 추정한다(G, §21). 그렇지만, 어떤 사람이 p라는 것을 안다고
말하는 것이 반드시 그는 p라는 것을 안다는 것을 의미하지는
않는다.

오류의 문법

비트겐슈타인은 오류를 잘못된 믿음과 구별한다. 오류는 잘
못된 믿음의 한 변형일 뿐이다. 다른 잘못된 믿음들은 오류가
아니라 정신 착란을 가리킨다. 그렇다면 오류를 정신 착란과
어떻게 구별할 수 있는가? 여기서도 『탐구』의 저자는 명확한
경계를 긋지 않고, 여러 상황을 기술함으로써 그 차이를 명확
히 한다.

> 어느 날 나의 친구가 자기는 오래전부터 이러이러한 데서
> 살아왔다는 등등의 공상을 한다면, 나는 그것을 오류가 아
> 니라 오히려 정신착란—아마도 일시적인—이라고 부를 것
> 이다. (G, §71)

정신 착란의 경우는 내가 논리적으로 잘못할 수 없는 경우,
즉 내가 잘못할 가능성이 나의 가능 세계에 속하지 않는 경우,

그리고 오류가 나의 사유 능력을 폐기할 정도까지 내 믿음의 전체 체계를 문제 삼을 경우에 해당한다. 만일 내가 "나는 나에게 한 손이 있음을 안다"라고 말하면서 잘못을 범한다면, "나의 판단의 지반"이 허물어지는 것으로 보일 것이다. 나는 또한 "나의 판단을 수정하기를 거부―왜냐하면 요컨대 그러한 '수정'은 일체의 척도를 없애 버리는 것과 같은 것이 될 터이므로 ―할"(*G*, §492) 수 있을 것이다. 무어의 뻔한 말("여기 한 손이 있다…")은 이성이 있는 사람이면 누구나 받아들일 것이다. 그러므로 합리적인 (혹은 이성이 있는) 사람과 논리적으로 잘못할 수 없는 곳에서 잘못된 믿음을 지닌 비합리적이거나 비정상적인 사람 사이에는 사실상의 구별이 있을 것이다.

어떤 기점에서부터는, 혹자의 잘못된 믿음은 관계된 것을 그가 이해하지 못했다는 표시일 수 있다.

> 나의 진술들의 **참**에서 이 진술들에 대한 나의 이해가 검사된다. 즉: 내가 어떤 잘못된 진술들을 한다면, 내가 그것들을 이해하는지가 그 때문에 불확실하게 된다. (*G*, §§80~81)

어떤 사람이 자기의 성씨에 관해 잘못을 범한다면, 우리는 그가 자기 나라말을 이해하는지 의아하게 생각할 것이다.

의심의 문법과 외적 세계의 문법

비트겐슈타인은 주어진 언어놀이에 의심이 어떻게 도입되는가 하는 문제를 제기한다(G, §458). 이를 위해 그는 아이들에게 언어놀이와 함께 의심의 문법과 믿음의 문법이 전승되는 양식에 관심을 갖는다. 전자는 후자에 비해 연대순으로 두 번째인 것으로 보인다:

어린아이는 어른들을 믿음으로써 배운다. 의심은 믿음 이후에 온다. (…) 학생은 자신의 선생들과 교과서들을 믿는다. (G, §§160, 263)

아이에게 가르쳐지는 것은 외부 세계를 구성하는 사물들의 존재라기보다는 사물들 사이의 관계이다.

우리는 어린아이에게 "그것은 너의 손이다"라고 가르치지, "그것은 아마 (또는 "개연적으로") 너의 손이다"라고 가르치지 않는다. 그렇게 해서 어린아이는 자기의 손을 다루는 수많은 언어놀이들을 배운다. '이것이 실제로 손인지' 하는 탐구 또는 물음은 그에게 전혀 일어나지 않는다. 다른 한편으로, 그는 이것이 손이라는 것을 자기가 안다는 것도 역시

배우지 않는다. (*G*, §374)

우리는 또한 대상들을 전제로 하는 행동들을 아이들에게 가르친다:

> 어린아이는 책들이 존재한다, 의자들이 존재한다 하는 따위를 배우지 않고, 책을 가져오는 것, 의자에 앉는 것 등등을 배운다. (*G*, §476)

비트겐슈타인은 또한 우리는 (철학 수업을 제외하고는) 우리 삶의 어떤 순간에서도 "물리적 대상이 존재한다"라고 단언하지 않음을 지적한다:

> 우리는 "A는 물리적 대상이다"라는 가르침을 "A"가 무엇을 의미하는지, 또는 "물리적 대상"이 무엇을 의미하는지 아직 이해하지 못하는 사람에게만 준다. 그것은 그러니까 낱말들의 쓰임에 관한 가르침이며, "물리적 대상"은 (색, 양, … 과 같이) 하나의 논리적 개념이다. 그리고 그렇기 때문에 "물리적 대상들이 존재한다"란 명제는 형성될 수 없다. (*G*, §36)

이 명제는 문법적으로 옳지 않고, 따라서 회의주의자에 의해 사용될 수 없다. 그것의 진리성을 의심하기 위해서조차도 말이다.

만일 내가 물리적 세계가 존재한다는 것은 확실하지 않다고 주장한다면, 나는 나 자신의 삶과 모순될 것이다. 왜냐하면 내가 남에게 "이 의자에 앉으세요"라고 하거나 "그 문을 닫으세요"라고 말하는 일이 있기 때문이다.

> 나의 삶은 저기에 의자가 있고, 문이 있다는 것 등을 내가 알거나 확신한다는 것을 보여 준다. (G, §7)

나는 수행적 모순을 범하고 있는 상황에 처할 것이다. 게다가, 내 의심이 뜻을 지니기 위해서는, 내가 틀렸다고 내가 상상할 수 있다는 것으로는 충분하지 않다.

> 그러나 "나는 나에게 뇌가 있음을 안다"와 같은 명제는 어떠한가? 나는 그것을 의심할 수 있는가? 의심을 할 근거가 나에겐 결여되어 있다! 모든 것이 그것 편에서 말하고, 어떤 것도 그것에 반대하여 말하지 않는다. 그럼에도 불구하고, 수술해 보면 나의 두개골이 텅 빈 것으로 드러나리라는 상상은 가능하다. (G, §4)

의심의 언어적 표현은 의심을 이루기에 충분하지 않다. 의심은 이유에 의해 동기 부여되어야 하며 언어놀이에 속해야 한다. 내 의심이 현실적이려면, 나는 이 "길잡이" 총서叢書의 한 권을 읽는 꿈을 꾸는 한 마리 나비라고 내가 상상할 수 있는 것으로는 충분하지 않다.

의심의 부재(이는 반성적이지 않은 확실성이다)는 또한 문제 삼아지지 않는 명제들의 토대 위에서만 일어날 수 있는 의심에 비해 일차적이다:

> 우리가 제기하는 **물음들**과 우리의 의심들은, 어떤 명제들이 의심으로부터 제외되어 있으며 말하자면 그 물음들과 의심들의 지도리[樞軸]라는 점에 의거하고 있다. 즉, 어떤 것들이 실제로 의심받지 않는다는 것은 우리의 과학적 탐구의 논리에 속한다. (*G*, §§341~342)

"만일 내가 문들이 돌아가기를 원한다면, 지도리들은 고정되어 있어야"(*G*, §343) 하는 것과 마찬가지로, 만일 내가 의심하기를 원한다면, 내가 문제 삼지 않는 토대들이 나에게 필요하다. 어떤 명제들은 "규칙의 성격"을 지니고 있고 "모든 판단을 포기하지 않고는" 문제 삼을 수 없다는 점에서 논리적이다 (*G*, §494).

나에게 손이 있음을 의심할 수 있으려면, "손"이라는 낱말의 의미를 아는 게 여전히 필요하다. 우리의 회의주의자는 자신의 의심을 정식화하는 데 쓰이는 말들의 의미를 문제 삼는 데까지는 가지 않기 때문에, 그의 의심은 그가 주장하는 것보다는 덜 급진적이다.

> 어떤 사실도 확신하지 않는 사람은 자기의 말뜻도 역시 확신할 수 없다. (G, §114)

내가 그 뜻을 이해하지 못하는 진술을 어떻게 의심할 수 있는가? 달리 말해서, 지나친 의심은 그 의심을 죽인다. 근본적인 의심은 불가능하며, 자기 자신을 무효화한다.

자기가 꿈을 꾸고 있는 것은 아닌지를 의심하는 회의주의자에게 비트겐슈타인은 그 의심에서 뜻을 비워 냄으로써 대답한다.

> "아마 나는 꿈을 꾸고 있는지도 모른다"라고 하는 논증은, 그렇다면 바로 이 발언도 역시 꿈이기 때문에, 이 말이 의미가 있다고 하는 그것도 실로 꿈이기 때문에, 뜻이 없다. (G, §383)

그리고 비트겐슈타인은 죽기 이틀 전에 쓴 마지막 발언을 이렇게 끝낸다:

나는 내가 지금 꿈꾸고 있다고 진지하게 가정할 수 없다. "나는 꿈꾸고 있다"라고 꿈을 꾸면서 말하는 사람은, 비록 그가 그때 사람들이 들을 수 있도록 말을 한다 해도 옳지가 않다. 이는 실제로 비가 오는 동안 그가 꿈속에서 "비가 온다"라고 말하더라도 그는 옳지 않은 것과 마찬가지이다. 비록 그의 꿈이 억수 같은 빗소리와 실제로 연관되어 있을지라도 말이다. (*G*, §676)

마찬가지로, 내가 미친 과학자에 의해 조작되는 통 속의 뇌(Putnam, 1981, pp. 5~6)일 뿐이라면, 내가 단지 통 속의 뇌일 뿐이라는 바로 그 생각은 조작의 결과일 뿐이고, 진정한 의심을 이루지 못할 것이다. 이것은 회의주의에 대한 『논고』의 반응을 상기시킨다:

회의주의는, 만일 그것이 물음이 있을 수 없는 곳에서 의심하고자 한다면, 반박 불가능한 것이 아니라 명백히 무의미한 것이다. (*TLP*, 6.51)

실로, 세계의 존재를 의문시함으로써 회의주의는 참인 명제가 아니라, 단지 보일 수만 있는 신비스러운 것을 말하려고 시도하는 한 진술을 문제 삼는 잘못을 저지르고 있다:

세계가 어떻게 있느냐가 신비스러운 것이 아니라, 세계가 있다는 것이 신비스러운 것이다. (*TLP*, 6.44)

그리고

의심이란 오직 물음이 존립하는 곳에서만 존립할 수 있고, 물음이란 대답이 존립할 수 있는 곳에서만 존립할 수 있으며, 또 이 대답이란 어떤 것이 말해질 수 있는 곳에서만 존립할 수 있다. (*TLP*, 6.51)

의심은 비-반성적이기조차 한 확실성, 즉 내 행동이 함축하는 확실성의 토대 위에서만 이루어질 수 있다.

근거 있는 믿음의 근거에는 근거 없는 믿음이 놓여 있다. (*G*, §253)

나는 "나에게 전승된 배경"이자 "그 위에서 내가 참과 거짓을 구분하는" 세계상을 지니고 있다.(G, §94) 경험적 검증의 문법을 검사해 보면, 검증은 끝이 있는 것으로 나타난다. 그리고 그 끝은 "근거 없는 전제가 아니라, 근거 없는 행위 방식"이다. 바로 우리의 삶의 형태처럼 말이다.

당신은 언어놀이란 말하자면 미리 볼 수 없는 어떤 것이라는 것을 명심해야 한다. 내 말뜻은: 그것은 근거가 뒷받침되어 있지 않다는 것이다. 이성적(또는 비이성적)이지 않다는 것이다. 그것은 거기에 있다 ─ 우리의 삶처럼.(G, §559)

발밑에 견고한 지반이 없다는 것이 우리가 걷는 듯 살지 않고 헤엄치듯 사는 것을 방해하지는 않는다.

우리의 믿음과 생각은 최종적으로는 신뢰에 기초를 둔다. 판단하는 행위 자체는 "그 어디선가 신뢰하기 시작해야" 한다는 것을 함축한다:

즉, 나는 그 어디선가 의심하지 않음으로써 시작해야 한다. 그리고 이는 말하자면 성급하되 용서 가능한 그런 것이 아니라, 오히려 판단의 일부를 이루는 것이다.(G, §150)

어떤 믿음에 빛을 비추는 것은 다른 것들을 그림자 속에 남겨 두는 것을 받아들인다는 것, 달리 말해서 맹점盲點을 지니는 것을 받아들인다는 것을 함축한다. 이 때문에 비트겐슈타인처럼 우리는 이해가 "자신의 몰이해를 보지 못함일 뿐인가"(G, §418)하고 물을 수 있다. 따라서 어떤 소외는 모든 이해의 필수 불가결한 조건일 것이다.

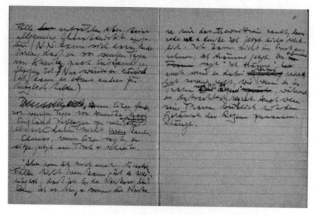

비트겐슈타인이 죽기 이틀 전에 작성한 노트

2. 어떤 인류학적 설명?

비트겐슈타인은 실제 세계에 대한 관심과 일상 생활이 그 속에서 펼쳐지는 관행적 실천들에 대한 관심을 사회과학과 공유한다. 그는 자신의 작업에서 인류학적 차원을 인정하기까지 한다. 『탐구』에서 그는 자신의 발언이 "인간의 자연사自然史에 관한 소견들; 그러나 진기한 기고寄稿들이 아니라, 누구도 의심해 본 적이 없는, 그리고 그저 항상 우리 눈앞에 있기 때문에 주목받지 못하고 사라지는 것들에 관한 확인들"(*PU,* §415)이라고 규정한다.

비트겐슈타인이 말하는 것과는 반대로, 그의 공헌은 가상적 인류학의 독창적인 활동으로 특징지어진다. 한 낱말이나 표현의 문법을 연구하기 위해 그는 이상한 관습이 있는 가상의 부족에서 그 낱말이나 표현이 사용되는 것을 상상한다. 예를 들어, 계산의 문법을 연구하기 위해 그는 그 구성원이 (구두 계산이나 서면 계산은 제외하고) 오직 침묵의 암산만을 아는 부족을 상상한다(*PU,* §385).

제임스 프레이저(1854-1941)

인류학에 대한 비트겐슈타인의 공헌에는 또한 20여 년에 걸쳐 작성된 일련의 소견들도 포함된다. 이는 스코틀랜드의 인류학자 제임스 프레이저James Frazer 경卿의 저서 『황금 가지』(*Golden Bough*, 1890)에 관한 독서 노트들인데, 상이한 지리적 구역과 역사적 시기에서 나온 신화와 의례들의 방대한 편집물인 이 책의 독서로부터 『프레이저의 「황금 가지」에 관한 소견들』(이하, 'BGB'로 약함)이 태어났다. 여기서 비트겐슈타인은 자크 부브레스가 프레이저의 "편협한 합리주의", "프레이저의 본질주의적 태도", 그리고 "과학적 객관주의의 단점들과 심리학적 해석학의 단점들을 결합하는"(Bouveresse, 1977, p. 43) 프레이저의 해석들의 근거 없는 성격이라고 요약하는 것을 비판한다. 그는 주술 의식을 원시 과학으로 환원하고 이러한 관행을 미신으로 규정하며 "주술은 본질적으로 잘못된 물리학 내지 잘못된 의술, 기술技術 등이라고"(*BGB*, p. 48) 여기는 프레이저의 과학주의적 태도를 비판한다. 스코틀랜드의 인류학자와는 반대로, 비트겐슈타인은 주술적 일 처리와 잘못된 과학, 즉 실재에 관해 잘못되고 단순화된 표상에 기초하는 일 처리를 구별한다. 그는 믿음(신뢰의 한 형태)과 미신(거짓 과학)을 구별한다. 후자는 "가령 사람들이, 병은 신체의 한 부분으로부터 다른 한 부분으로 이동한다거나 병을 다른 곳으로 돌리는 예방책들을 강구한다고, 마치 병이 액체이거나 열의 상태인 것처럼 말할 때" 발견되는데, "그 경우 사람들은 말하자면 잘못된, 즉 적절하지 않은 그림을 그린다."(*BGB*, p. 45)

비트겐슈타인은 프레이저에게 흔한 유형의 설명, 즉 왕을 그의 전성기에 살해하는 일은 그렇게 하지 않으면 왕의 영혼이 신선함을 잃어버릴 것이라는 믿음에 의해서인 것처럼, 행동을 믿음에 의해 설명하는 것을 거부한다. 케임브리지의 철학자에게 믿음은 행동을 동반하는 것이고, 행동을 일으키는 원인이 아니다. 『황금 가지』의 저자는 의례의 핵심에 과학적 오류를 두는 반면, 비트겐슈타인은 의례를 일체의 (참 또는 거짓인) 견해로부터 분리한다: 의례는 어떠한 견해에도 기초하지 않고 따라서 오류일 수 없는 종교적 상징에 속한다.

> 종교적 상징의 근저에는 어떤 견해도 놓여 있지 않다. 그리고 오류는 오직 견해에만 해당한다. (*BGB*, p. 43)

이론이 없는 곳에는 오류가 있을 수 없으며, 비트겐슈타인은 종교적 관행에서 (프레이저가 하듯이) 참 또는 거짓일 수 있는 이론을 도출하는 것을 거부한다.

> 내가 "나는 신들의 분노를 두려워한다"라고 말한다면, 그것은 내가 그로써 어떤 것을 뜻할 수 있다거나 저 믿음과 필연적으로 결합되어 있지 않은 어떤 감정을 표현할 수 있다는 것을 보여 준다. (*BGB*, p. 49)

이론임을 주장하지 않는 담론을 오류인 것처럼 여김으로써 프레이저는 범주 오류를 범한다. "『고백』의 매 페이지에서 하느님을 부르는" 아우구스티누스와 "전혀 다른 직관들을 표현하는 종교를 지닌 불교의 성자", "그들 중 누구도, 그가 이론을 수립한 경우를 제외한다면, 오류에 빠져 있지 않았다." (*BGB*, p. 40)

『황금 가지』에서 의례에 참여하는 사람들은 자신들의 관행이 인과적 효력을 지닌다고 믿는, 인지적으로 제한된 "미개인들"로 기술되어 있다. 그 "원시적인" 사람들은 예를 들어 "비의 왕"이 비를 불러낼 수 있다고 믿는다. 그리고 프레이저는, 조만간 비가 올 것이고 이 비는 의례의 덕으로 돌려질 것이기 때문에, 그 인과 관계는 반박하기가 어렵다는 것을 유감스러워한다.

비트겐슈타인은 "[비의 왕의 개입 없이도] 어차피 비는 조만간 온다고 하는 생각을 사람들이 더 일찍 하지 않는다는 것이야말로 기이하다"(*BGB*, p. 41)라고 말한다. "미개인들"이 자신들의 의례의 효과성을 정말로 믿는다는 생각은 "사람들은 우기가 오면 이 비의 왕에게 비를 빈다"(건기에 비는 것이 아니라)는 사실에 의해, 그리고 "사람들은 태양이 떠오르는 아침 무렵에는 낮이 되는 제의들을 거행하지만, 밤에는 그런 제의들을 거행하지 않고, 단순히 등불을 켠다"(*BGB*, p. 54)는 사실에 의해 반박된다. 그러므로 이 의례는 지식이나 합리성의 부족으로 설명될 수 없다. 게다가, "외견상 자신의 적을 죽이기 위해 적의 그림을 찌르는 그 동일한 미개인이, 자신의 목재 오두막을 실제로 짓고 자신의 화살을 솜씨 있게 깎아 만드는데, 이는 저주 형상을 만드는 것이 아니다."(*BGB*, p. 44)

프레이저는 일반적으로 자기가 기술하는 현상들을 설명하는 데 실패하며, 그가 제시하는 설명은 최선의 경우 "너무 불확실"(*BGB*, p. 42)하고 최악의 경우 일종의 근거 없는 담론이다. 그러나 의례와 주술적 관행을 비를 부르거나 적을 죽이는 것과 같은 물리적 목표의 달성을 노리는 — 그리고 실패하는 — 비효과적 관행으로서 설명하지 않고 달리 어떻게 설명할 것인가? 비트겐슈타인은 말한다:

나는 설명의 기도企圖 자체가 이미 잘못되었다고 믿는다.
왜냐하면 우리들은 우리들이 아는 것을 단지 올바르게 정돈
해야 할 뿐 아무것도 덧붙여서는 안 되기 때문에, 그리고 설
명을 통해 얻고자 애쓰는 만족은 그 결과 저절로 생기기 때문
이다. (*BGM*, p. 42)

그는 그러한 관행들에 대한 설명이 아니라 그것들을 보는 방
식을 제시한다:

소망의 묘사는, 명약관화하게도, 소망 충족의 묘사이다.
그러나 주술은 소망을 묘사한다; 그것은 소망을 표출한다.
(*BGB*, p. 44)

주술은 사역使役 기능이 없다. 주술은 그것이 나타내는 것
(예컨대, 바라는바 적의 죽음)을 일으키는 것이 아니라, 소망을
표출하는 것이다. 가령, 자신의 적을 나타내는 인형을 꿰찌르
는 사람은 이 방법으로 그를 죽이기를 바라는 것이 아니라, 그
가 꿰찔리는 것을 보고 싶다는 소망을 표출하는 것일 뿐이다.

저주 형상을 만들어 불태우기. 사랑하는 사람의 그림에 입
맞추기. 이것은 그 그림이 묘사하는 대상에 대해 특정한 효

과가 있으리라는 믿음에 기초하고 있는 것이 물론 아니다. (*BGB*, p. 43)

그리고 "프레이저에 의해 기술되는 의식의식儀式들은 깊은 감정과 종교적 두려움을 표출하는 것이다"(Flowers, 1999, vol. 3, p. 207).

발생적 설명에 맞서: "연관들을 본다"

『황금 가지』에서 프레이저는 켈트의 의식력儀式曆에 속하는 벨테인 축제와 같은 몇몇 의식에 대해 발생론적 설명을 제시한다. 매년 5월 1일, 사람들은 큰 불을 피우고 한 참가자를 제비 뽑아 그를 불 속에 던져 넣으려고 하는 시늉을 한다. 스코틀랜드의 인류학자에게 이 의례는 먼 옛날에 행해진 인간 희생의 "특히 명확하고 분명한" 흔적을 내포한다(Frazer, 1890, p. 1442). 그러나 비트겐슈타인은 그런 종류의 어떤 분명한 표시도 찾아내지 못한다. 그리고 왜 그 의례가, 그 출현 당시부터, 누군가를 불 속에 던져 넣으려고 하는 시늉만 하는 의례가 아니었을지 알지 못한다. 그의 발생론적 가설과 함께 프레이저는 연구자에게 미리 규정된 한계, 즉 연구자의 노력은 기술되는 상이한 사실들 사이의 연관들을 볼 수 있도록 오로지 자료의 수집과 정리만 하는 것이어야 한다는 것을 넘어선다. 연구자는 자기가 아는 것보다 더 많이 말하고 싶은 유혹을 거부해야 한다.

의례를 이해한다는 것은 그것에 대해 역사적인 혹은 발생론적인 설명을 제공하는 것을 뜻하는 게 아니라, 자료들에 대한 일목요연한 묘사의 틀 안에서 그 의례와 다른 현상들 사이의 "연관들을 본다"(*BGB*, p. 50)는 것을 뜻한다. 상이한 사실들 사이에서 연관들을 보는 일은 "중간 고리들"의 존재를 상정하는데, 이 고리들은 반드시 역사적인 항項들은 아니다. 그것들의 기능에 대해 비트겐슈타인은 다음과 같이 말한다:

그러나 가설적 중간 고리는 이 경우 사실들의 유사점, 연관에 주의를 기울이는 것 외에 아무것도 하지 말아야 한다. 우리들이 타원을 점차 원으로 이행시킴으로써 원의 형태와 타원과의 내적 관계를 도해하듯이; 그러나 타원이 사실로, 역사적으로, 원에서 생겨났다고 주장하기 위해서가 아니라(발전 가설), 단지 어떤 형식적 연관에 대해 우리의 눈을 예민하게 하기 위해서 하듯이 말이다. (*BGB*, pp. 50~51)

자료들의 일목요연한 묘사는 어떤 의례들과 비트겐슈타인의 동시대 관행들 사이의 비교를 허용하면서 『황금 가지』의 이국풍 효과에 맞서 싸울 수 있게 할 것이다:

[“미개인들”]의 종교적 행위나 종교적 삶은 오늘날의 모든 진정한 종교적 행위와 — 가령 죄의 고백과 — 다른 종류의 것이 아니다. 이것도 또한 “설명”될 수 있으면서 설명될 수 없다. (*BGB*, p. 43)

그리고 바늘로 인형을 찌르는 관행은 사랑하는 사람의 사진에 입맞춤하거나 적국의 국기를 불태우는 관행과 비교할 수 있다. 오스트리아의 철학자는 또한 미카도御門[22]가 “매일 아침 몇 시간 동안 왕관을 머리에 쓴 채 (⋯) 몸의 어느 부분도 까딱하지 않고 동상처럼 가만히 옥좌에 앉아” 있음으로써 “자기 제국의 평화와 안녕을” 보전하도록 요구하는 일본의 의례를 그 자신에게서 관찰되는 경향으로부터 이해할 것을 제안한다:

우리의 (또는 어쨌든 내가 사는) 사회에서 어떤 사람이 너무 많이 웃는다면, 나는 반쯤 부지불식간에 내 두 입술을 눌러 닫는다. 마치 내가 그로써 그의 입술을 닫게 만들 수 있다고 믿는 듯이 말이다. (*BGB*, p. 56)

더욱이, 이 “미개인들”과 우리의 근접성 — 그리고 우리의 근친성 — 은 “이 사람들의 견해들을 기술하기 위해 프레이저

---

22 (옮긴이주) ‘고귀한 문’이라는 뜻으로, 일본 국왕(‘천황’)의 별칭.

가 '유령'이나 '망령'과 같이 그와 우리에게 매우 친숙한 낱말을" 사용한다는 사실에 의해 표출된다. 원시인의 믿음이 프레이저가 일컫듯이 "미신들"이라면, 우리의 언어에는 그것들을 설명하는 데 필요한 어휘가 포함되어 있음이 명백하다. "우리의 언어에는 전적인 신화가 간직되어 있다"(*BGB*, p. 51). 우리가 "미개인들"과 공유하는 신화가 말이다.

아마도 『황금 가지』는 거기에 기술된 관행들을 지닌 "미개인들"에 관해서보다도 그 저자 자신에 관해서, 그의 "정신적 삶의 협소함"에 관해서 더 많이 말해 줄 것이다:

프레이저에게서 정신적 삶은 얼마나 협소한가! 그런 까닭에, 그의 시대의 영국적 삶과는 다른 삶을 파악한다는 것이 얼마나 불가능한 일이었는가!

프레이저는 근본적으로 우리 시대의 영국 교구 목사—그 전적인 어리석음과 지루함을 지닌—가 아닌 어떠한 사제도 상상할 수 없었다. (*BGB*, p. 45)

프레이저는 그의 대부분의 미개인들보다 훨씬 더 미개하다. 왜냐하면 이들은 정신적 문제의 이해에서 20세기의 한 영국인만큼 멀리 떨어져 있지 않을 것이기 때문이다. 원시적 관례들에 대한 그의 설명들은 이 관례들 자체의 뜻보다도 훨씬 더 조야하다. (*BGB*, p. 49)

3. 정신분석의 은밀하지만 강력한 매력

비트겐슈타인이 프로이트를 읽기 시작한 것은 1919년이다. 프로이트에 관해 비트겐슈타인은 1930년대의 강의 노트에 흩어져 있는 소견들과 1940년대에 시작되어 러시 리스에 의해 보고된 대화의 기록들, 그리고 비트겐슈타인 스스로 작성한 몇 소견들을 우리에게 남기고 있다. 이것들로부터 프로이트주의에 대한 정식 비판을 끌어내기는 어려울 터인데, 이는 비트겐슈타인이 『일상생활의 정신 병리학』, 『히스테리에 관한 연구』, 『농담과 무의식의 관계』 및 『꿈의 해석』은 알고 있었지만, 2차 토픽(la seconde topique)의 지형학[23]은 그에게 알려지지 않은 채로 있었던 만큼 더더욱 그러하다.

이 소견들은 프로이트(비트겐슈타인의 누이 그레틀은 그의 환자였다)에 대해 양면적인 관계를 보인다. 케임브리지의 철

---

[23] (옮긴이주) 프로이트가 1900년 『꿈의 해석』 7장에서 의식 형태를 의식, 전의식, 무의식으로 구별("1차 토픽 모형")한 데 이어 1923년 『자아와 이드』에서 자아ego, 초자아superego, 원자아id의 구별("2차 토픽 모형")을 도입한 것을 말한다.

지그문트 프로이트(1856-1939)

학자는 거기서 자신을 프로이트의 "제자" 혹은 "추종자"로 규정하면서도 그의 작업에 대해 근본적인 비판을 피력한다. 그리고 정신분석의 기법과 비트겐슈타인의 기법 사이에 가족 유사성— 비트겐슈타인이 교대로 인정하고 거부하는— 을 찾아내는 일은 실패할 수 없다(Flowers, 1999, vol. 4, p. 108). 그에게 정신분석은 그 시대의 심리학에 비하면 진보를 보이지만, 정신분석의 유혹 자체에 대한 분석을 통해 보완되어야 한다.

그의 소견 중 많은 것이 『꿈의 해석』에 관한 것이다. "꿈의 본질"에 관한 탐구를 하면서 프로이트는 "동역학이라는 19세기의 관념"(*LC*, p. 220)이 자신에게 끼치는 영향을 드러내는데, 그것은 그가 비트겐슈타인이 보기에 다수의 원인이 있을 수 있는 현상에 대해 단일한 설명을 찾도록 압력을 받는다는 것이다. 그러나 말에 유일한 원인이 존재하지 않는 것처럼, 꿈에는 유일한 원인이 존재하지 않는다.

> 그런데 아이들이 왜 언제나 노는가 하는 하나의 원인이나 하나의 이유는 없다. (*LC*, p. 224)

프로이트의 야망이 그의 취약성을 만든다: 꿈에 대한 단일한 설명을 제안하므로, 그는 부분적으로만 옳을 수가 없다:

그가 부분적으로 틀렸다면, 그에게 그것은 자기가 전적으로 틀렸다는 것, 즉 자기가 꿈의 본질을 실제로 발견한 게 아니라는 것을 뜻했을 것이다.(*LC*, pp. 220~221)

프로이트는 비판자들에게 다음과 같은 수사적 질문으로 대꾸한다: "당신은 나보고 원인 없이 일어나는 어떤 것이 있다고 믿으라는 겁니까?" 그러나 원인 없이는 아무것도 일어날 수 없다는 사실이 그렇다고 "꿈속의 모든 것이 원인이 있어야 한다 — 어떤 과거의 사건과 그것[꿈속의 것]이 연상聯想에 의해 그런 식으로 연관되어 있다는 뜻으로—"는 것을 함축하지는 않는다(*LC*, p. 224).

비트겐슈타인은 꿈을 꾸는 것을 이야기를 쓰는 것과 비교한다. "이야기 속의 모든 것이 우화적이지는 않"은 것과 마찬가지로, 꿈속의 모든 것이 반드시 "의미 있는" 것은 아니다(*LC*, p. 225). 그는 프로이트가 생각들을 증명 없이 제시하는 것을 비판한다. 예를 들면, "환각들과 꿈들이 소망 충족이라는 명제"(*LC*, p. 211)—『꿈의 해석』에 핵심적인 생각—가 그렇다. 어떤 꿈들은 (성적인 꿈들처럼) 명백히 소망의 실현인 것처럼 보이긴 하지만, 비트겐슈타인으로서는 꿈에 대한 이러한 접근을 프로이트가 일반화하는 것처럼 일반화하는 것을 허용하는 것은 아무것도 없다. 이 근거 없는 일반화는 결국 꿈에 주어질 해석 유형을 결정하고, 예컨대 "꿈은 단순히 과거에 일어났던 것의 기억들"(*LC*, p. 219)이라는 것을 배제함으로써, 가능한 해석의 터전을 제한한다.

비트겐슈타인은 정신분석의 아버지가 모종의 어휘 사용을 통해 표출하는 과학성의 주장을 비판한다:

> 프로이트는 한결같이 과학성을 주장하고 있다. 그러나 그가 제공하는 것은 사변—가설 형성에조차 앞서는 어떤 것—이다. (*LC*, p. 214)

"무의식적 이유"라는 개념을 도입함으로써 프로이트는 그때까지 행동의 원인이 아니라 동기를 의미한 "이유"라는 낱말의 문법을 수정한다. 그리고 프로이트는 자신의 설명이 인과적이 아닌데도 인과적 설명이라고 주장한다. 그가 제공하는 것은 설명이 아니라 해석이다. 그리고 그는 올바른 해석을 인식하는 법을 어떻게 아느냐 하는 문제는 어둠 속에 남겨 둔다. 생각의 자유 연상은 어느 순간에 멈추어야 하는가?

프로이트는 우리가 어디에서 멈추어야 하는지를 어떻게 아는지 — 어디에 옳은 해결이 있는지 — 는 결코 보여 주지 않는다. 때때로 그는 옳은 해결 혹은 옳은 분석은 환자를 만족시키는 것이라고 말한다. 때때로 그는 꿈의 옳은 해결 혹은 분석이 무엇인지를 의사는 알지만, 환자는 알지 못한다고 말한다. 즉, 의사는 환자가 틀렸다고 말할 수 있다는 말이다.

올바른 해석은 환자를 만족시키고 예를 들어 그의 말더듬을 고치게 하는 것일 수 있을 것이다. 그것은 환자의 증상은 아니더라도 최소한 환자의 불평은 사라지게 하는 것일 수 있을 것이다. 그러나 그러면 우리는 자연과학에서 매우 벗어나 있다. 발견처럼 보이는 해석은 실제로는 이야기의 재기술일 것이다:

만약 여러분이 정신분석에 의해, 실제로는 여러분은 이러저러한 것을 생각했다거나 실제로는 여러분의 동기들은 이러저러했다고 말하는 데로 이른다면, 이것은 발견의 문제가 아니라 설득의 문제이다. (*LC*, p. 108)

비트겐슈타인은 다음과 같은 점을 지적한다:

그[프로이트]가 꿈에 대해 제시하는 모든 보고들 가운데 직접적으로 성적인 꿈의 예가 단 하나도 없다는 것은 흥미롭다. 그러나 이것들은 비처럼 흔하다. (*LC*, p. 220)

자신의 표본에서 명백히 성적인 꿈들을 제외함으로써 그는 자신의 해석이 지닌 추문 효과를 인위적으로 부풀린다. 그런데 비트겐슈타인이 보기에, 정신분석이 지닌 매력의 중심에 있는 것은 바로 이러한 추문 효과다: 프로이트의 장점은 (그가 주장하는 것처럼) 과학적 작업을 하는 것이 아니라, 사람들은 극소수의 사람이 받아들이는 경향이 있다고 믿어지는 설명을 받아들이고 싶어진다는 사실을 (아마도 본의 아니게) 밝히는 것이다.

자신의 분석에서 프로이트는 많은 사람들이 받아들이고 싶어지는 설명들을 제공한다. 그는 사람들이 그런 설명들을 받아들이기를 내켜 하지 않는다고 강조한다. 그러나 그 설명이 사람들이 받아들이기를 내켜 하지 않는 것이라면, 그것은 또한 그들이 받아들이고 싶어지는 것일 개연성이 높다. (*LC*, p. 212)

"혼란에 빠뜨리는", "보수주의자들에게 충격을 주는", 그리고 "편견을 파괴하는" 설명의 추잡스러운 성격이 그것의 매력에 속하고 그것의 지적 유혹의 힘을 증대시키는 것이다.

따라서 프로이트가 코페르니쿠스, 다윈, 그리고 그 자신에 의해 가해져 인류가 받은 세 가지 나르시시스트 상처[24]라고 판별한 것은 황색 언론만큼 인기 있고 돈벌이가 되는 "세 가지 지적 유혹"으로 재규정되어야 할 것이다.

정신분석과 함께 우리에게는 근거 없는 만큼 매력적이기도 한 논제들이 한 묶음 주어진다. 비트겐슈타인은 "불안은 언제나 우리가 출생 시에 느낀 불안의 어떤 식의 반복"이라는 생각을 예로 든다. 이 생각은 논증되어 있지 않지만, 그러나 그에 의하면 "그것은 뚜렷한 매력을 지닌 관념이었다. 그것은 신화적 설명들, 즉 이것은 모두 이전에 일어난 어떤 것의 반복이라고 말하는 설명들이 지니는 매력을 지니고 있다"(*LC*, p. 212). 마찬가지로, '근원적 장면Urszene'이란 개념은 "사람의 삶에 일종의 비극적 패턴을 부여하는 일의 매력을 지니고 있다"(*LC*, p. 228). 이러한 생각들의 지적인 유혹에 굴복하고 그것들을 증거 없이 받아들이는 것은 명료성과 이해의 감정(비트겐슈타인이 보기에는 잘못 놓인)을 얻을 수 있게 한다. 그럼에도 불구하고 그것들은 그것들의 진실과는 독립적으로 실제적이고 종종 유익한 효능을 지닌다. 자살을 생각할 정도로 삶의 어려움에 시

---

24 (옮긴이주) 자기애성 성격장애를 지닌 사람이 (정당한) 비판에 직면해 얻는, 부적절한 적대감을 동반한 상처.

달리는 인물은 "그의 삶이 차라리 비극의 패턴 — 근원적 장면에 의해 결정된 패턴의 비극적 수행과 반복 — 을 지니고 있음을 보일 수 있다면, 그것은 큰 위로일 수 있다"(*LC*, p. 228).

그러나 정신분석의 잠재적으로 유익한 효과는 그 해로운 결과를 치료하기에 충분하지 않다:

정신분석을 받는다는 것은 인식의 나무로부터 따 먹는 것과 어쩐지 비슷하다. 거기에서 얻어지는 인식은 (새로운) 윤리적 문제들을 우리에게 제기한다; 그러나 그것들의 해결을 위해서는 아무것도 기여하지 않는다. (*CV*, p. 91)

프로이트의 분석은 "매우 강하고 예리하고 끈질긴 비판 작업을 해야"만 인지하고 꿰뚫어 볼 수 있는 "하나의 강력한 신화"이다(*LC*, p. 229). 우리는 프로이트의 (증거 없는) 설명을 우리가 더 많이 알 때까지 잠정적으로 동의해야 하는 가설이 아니라 유일하게 가능한 설명으로 여기려는 유혹에 저항할 수 있어야 한다. 왜냐하면 편견들을 파괴하는 매력에는, "인간은 그의 환경의 산물일 뿐이다"나 "역사는 계급 투쟁의 역사일 뿐이다"와 같은 유형의 단언들처럼 "'이것은 실제로는 오직 이것일 뿐이다'와 같은 종류의 설명"(*LE*, III, §22)이 지니는 저항할 수 없는 매력이 추가되기 때문이다.

이러한 유혹에는 프로이트의 추종자들뿐만 아니라 다윈의 추종자들도 역시 굴복한다: "단세포 유기체들이 포유류, 인간 등을 형성할 때까지 점점 더 복잡해진다는" 생각에 대해 어떤 이들은 "물론 그렇다"라고 응답하고, 다른 사람들은 역시 부당한 방식으로 "물론 아니다"라고 응답한다; 아무도 진화의 과정이 일어나는 것을 본 적이 없고, 우리에게 주어진 증거는 그저 새 발의 피일 뿐인데도 말이다(*LE*, III, §32).

사람들은 지극히 빈약한 근거들 위에서 확신했다. "나는 모르겠다. 그것은 결국에는 잘 확인될 수도 있는 하나의 흥미로운 가설이다"라고 말하는 태도는 있을 수 없었을까? (*LE*, III, §32)

그것은 단일한 설명 원리의 매력과 현상의 유일한*the* 원인을 찾는 데 있는 인지적 결함을 포함하지 않는 것이다.

4. "순수 수학" 혹은 반박 불가능성의 환상적 낙원

『확실성에 관하여』에서, 6년 동안 초등학교 교사로 일한 바 있는 비트겐슈타인은 학습 과정을 모종의 의심들을 배제하는 과정으로 기술한다:

한 학생과 한 선생. 학생은 예컨대 사물들의 존재, 낱말들의 의미 등을 의심함으로써 (선생의 말을) 끊임없이 중단시키기 때문에, 아무것도 설명될 수 없게 만든다. 선생이 말한다: "더는 말을 끊지 말고, 내가 너에게 말하는 것을 해라; 네 의심은 지금 전혀 아무런 뜻도 없다." (*G*, §310)

다른 구절들에서 이 철학자는 어린아이들이 어른들을 믿는 경향과 함께, 그들 대부분에게는 단 한 사람의 이데올로기적 소수에 머무는 일, 즉 주변 사람들의 믿음과 반대되는 믿음을 유지하는 일이 불가능함을 강조한다(*G*, §§106~107, 160).

비트겐슈타인의 천재성(그리고 의심의 여지 없이, 그의 외로움)의 중요한 일부는 그가 그런 어린애 같은 의심들을 배제하지 못하는 점과 관계가 있다. 그렇지만 그것들을 배제하지 않고는 학습은 이루어질 수 없으며 언어놀이는 "뿌리를 내리지" 않는다. 이것은 수학을 주제로 한 비트겐슈타인의 글에 대해 수학자들이 일반적으로 부여하는 박한 평가를 이해할 수 있게 한다:

수학자는 내 설명을 듣고 소름이 끼칠 것이 틀림없다. 왜냐하면 그는 내가 펼치는 생각들과 의심들에 빠져드는 것을 언제나 피하도록 훈련받았기 때문이다. 그는 그것들을 경멸스러운 것으로 바라보도록 배웠으며, 정신분석에서의 유추(이것은 프로이트를 생각나게 한다)를 사용하자면, 이러한 것들에 대해 유치한 것에 대해서처럼 구역질을 느껴 왔다. 즉, 나는 가령 어린아이가 산수 등을 배울 적에 어렵다고 느끼는데 교육이 풀어주지 않고 억압하는 그 모든 문제를 펼친다. 나는 이 억압된 의심들에게 이렇게 말한다: 너희들은 전적으로 옳다, 그저 묻고, 해명을 요구해라!(*PG*, pp. 381~382)

비트겐슈타인을 철학으로 이끈 것은 응용 수학과 순수 수학이었고, 그의 첫 번째 철학적 시도(지금은 분실된)는 산수를 논리로 환원하는 러셀-프레게의 기획에 기여한 것이다. 그 주제는 1929년에서 1944년 사이의 그의 글들 대부분을 차지하며, 수학의 "재기술"은 그가 케임브리지의 교수로서 이끈 지성의 명료화와 탈마법 프로그램의 핵심에 있다. 이 프로그램은 정신 분석처럼 그 과학성이 논란이 될 수 있고 논란이 되어 온 분야들뿐 아니라 "순수" 과학도 똑같이 건드린다.

많은 철학자와 수학자(러셀과 괴델 같은)의 눈에, 수학은 의심으로 둘러싸인 세상에서 확실성과 반박 불가능성의 오아시스처럼 보였다. 비트겐슈타인의 지적 금욕주의는 이 안식처를 포기하는 데까지 이른다. 수학과 형식 논리의 동일화라는, 러셀에게 소중한 이것을 비트겐슈타인은 가구 제작을 아교로 접합하는 일로 환원하는 것에 비교한다.[25] 그는 논리와 수학이 서로 다른 기술技術이라는 것과 수리 논리에서의 결과들은 (무한, 연속성 및 무한소의 개념을 이해하기 위해) 러셀이 부여한 중요성을 갖지 않는다는 것을 보여 주려고 애쓴다.

비트겐슈타인은 프레게와 러셀의 이론이 그 한 변종인 플라톤적 수학 이론을 거부한다. 이 이론은 수학을 수학적 대상들에 관한 지식 체계로 만들고, 수학적 명제들을 수학적 실재에

---

[25] (옮긴이주) 비트겐슈타인, 『수학의 기초에 관한 고찰』(제3판) V §24 참조: "논리학의 수학 안으로의 '유해한 침입'. (…) 논리학적 기술技術의 해로운 점은, 그것이 우리에게 특별한 수학적 기술을 잊게 만든다는 것이다. (…) 그것은 마치, 가구 제작은 아교로 접합하는 일에 있다고 말하려는 것과 거의 같다."

대한 사실적 진술들로, 즉 수학적 세계의 상태를 반영하느냐 않느냐에 따라 참 또는 거짓인 진술들로 여긴다. 비트겐슈타인은 수학을 기술(계산, 측정)들의 집합으로 간주할 것을 제안하는데, 이는 그것들이 무엇에 관한 것인지를 아는 문제를 사라지게 하는 이점을 지닌다.

논리가 수학의 기초로 쓰일 수 없을 뿐 아니라, 모든 것은 마치 비트겐슈타인이 수학(러셀과 프레게의 커다란 관심사인)이나 다른 그 무엇을 정초할 필요성을 보는 능력을 상실한 것처럼 그렇게 진행된다.

그것을 우리에게 가르쳐라, 그러면 당신은 그것을 정초한 것이다. (PG, p. 297)

수학의 이른바 기초의 문제들은 그림 속의 바위가 그림 속의 성채를 떠받치지 않는 것과 마찬가지로 우리에게는 수학의 기초에 있지 않다. (BGM, VII, §16)

수학 철학의 고전적 물음들은 수학의 기초, 수학적 명제의 본성, 수학적 진리의 본성, 수의 실재성 등에 관계한다. 그렇지만 비트겐슈타인에게 이러한 물음들은 수학을 사용하는 과학 분야에서 수학이 분리되는 경우에만, 즉 우리가 "응용" 수학에서 "순수" 수학으로 옮겨 가는 경우에만 제기된다. 난점은 우리가 수학을 격리해 그것을 "순수 수학"이라고 불리는 별도의 분야로 만들려고 하자마자 시작한다. 그것은 가령 가구들을 청소하는 데 쓰이는 빗자루를 이 가구들 중 하나로 간주하는 것과 좀 비슷하다. (이 유비는 비트겐슈타인(*PG*, p. 375)에 의한 것이다.[26])

예를 들어, 숫자들을 택해 보자. 숫자들은 관념들의 세계에 존재하는가, 아니면 그것들은 단지 칠판 위의 줄들일 뿐인가? 비트겐슈타인에게 4란 숫자의 의미는 "사과 4개"와 같은 모종의 표현들에서의 그것의 쓰임이다. 그것은 형용사의 값을 지니며, 적용될 때만 의미를 지닌다. 고립적으로 취해진 숫자에 대해 질문하는 것은 숫자의 문법에 반하는 것이다. " 기호 놀이를 수학으로 만드는 것은 수학 외부에서의 쓰임, 그러니까 기호들의 의미이다"(*BGM*, V, §2). 수학은 적용될 때만 의미를 지닌다.

비트겐슈타인이 케임브리지에서 교수로 있는 동안, 수학 철학의 세계는 프레게와 러셀의 논리주의 학파와 힐베르트의 형식주의 학파, 그리고 브라우어의 직관주의 학파라는 세 주요 학파로 나뉘어 있었다. 이 세 학파는 수학적 명제들이 일종의

---

26 (옮긴이주) 관련된 원문은 다음과 같다: "그것[수학]이 물리학과 직접 연결되어 가동되는 한, 그것이 자연과학이 아니라는 것은 분명하다. (가령, 가구들을 청소하기 위해 빗자루가 사용되는 한, 빗자루는 방의 가구 중 하나로 간주될 수 없는 것처럼 말이다.)

실재를 지시한다고 주장하는 점에서 의견을 같이하지만, 문제의 실재가 어떤 종류의 것인가 하는 물음에는 서로 다른 대답(각각: 추상적 존재, 물리적 기호, 그리고 정신적 과정)을 제시한다. 비트겐슈타인은 이 모든 이론을, 엄밀히 말하자면, 새로운 이론을 제시함이 없이 거부한다. 그에게 수학적 명제들은 어떤 기호들의 의미를 고정하는 문법적 명제들이다. 수학적 명제들은 실재를 기술하는 명제들로 보이지만, 이는 기만적인 겉모습이다. 실제로는, 그것들은 엄밀히 말해서 아무것도 지시하지 않고 규범적인 역할을 할 뿐이다. 그것들은 무시간적이며 파기될 수 없다. 그것들은 반증 가능하지 않다. 어떤 경험도 수학적 명제를 반박할 수 없다.

예를 들어, 2 + 2 = 4라는 등식을 택해 보자. 내가 주머니에 조약돌 두 개를 넣은 다음 조약돌 두 개를 더 넣었는데 조약돌 세 개만 있는 것을 발견한다면, 나는 그렇다고 해서 둘 더하기 둘은 셋이라고 결론을 내리지 않고, 모자라는 조약돌을 찾기 시작할 것이다. 둘 더하기 둘은 넷이 되어야 한다. 수학의 엄격한 인상이 수학의 규범적 성격을 확인한다:

그것[계산이 …해야 한다는 것]은 그러나 우리의 삶 어디에서나 보이는 계산 기술에 대한 태도의 표현이다. 해야 함/강제Muß의 강조는 계산 기술뿐 아니라 무수히 많은 동류同

類의 기술들에 대한 이러한 태도의 엄격성에 대응할 따름이다. 수학적 강제는 수학이 개념들을 형성한다는 것에 대한 다른 표현일 뿐이다. 그리고 개념들은 파악을 위해 쓰인다. 그것들은 사태의 특정한 처리에 대응한다. 수학은 규범들의 그물을 형성한다. (*BGM*, VII, §67)

다른 곳에서와 마찬가지로 수학에서 우리는 언어에 의해 오도된다: 구문론적 유사성이 문법적 유사성, 즉 쓰임의 관점에서 유사성을 함축하지는 않는다. "둘과 둘이 넷을 이룬다(둘 더하기 둘은 넷이다)"라는 표현은 "작은 개울들이 큰 강을 이룬다"라는 표현과 문법적으로 유사하지 않다. 그것은 규범적 표현이다. 수학적 명제들은 반증 가능하지 않으므로, 경험으로부터의 일반화로 여겨질 수 없다. 그래서 비트겐슈타인은 수학에서의 경험주의를 거부한다. 그럼에도 불구하고, 경험적 규칙성은 수학의 한 조건이다: 근본적으로 불안정한 세계에서는 우리는 계산할 수 없다. 그러나 수학의 기능은 그러한 규칙성에 속하지 않는다.

수학 철학은 러셀의 역설이 제시한 것과 같은 모순이 없는 이론을 구성하기 위해 애쓴다. 그러나 수학적 모순들은, 우리가 무너지지 않는 교량과 건물들을 건설하는 것을 방해하지 않는 한, 오스트리아의 철학자를 괴롭히지 않는다. "모순에 대한 수학자들의 미신적 불안과 숭배"
(*BGM*, I A3, §17)와 반대로, 우리
들은 다음과 같은 전략을 채택
할 수 있을 것이다: 모순이 나타
나기 전에는 모순을 염려하지
말라, 그리고 나서 모순이 나타
나면, 그것이 새로 나타나는 것
을 막도록 규칙들을 정돈하라.

비트겐슈타인의 수학 기초론
강의에 참여하여 그와 토론한
앨런 튜링(1912–1954)

더욱이, "이제 산수에서 실제
로 어떤 모순이 발견되었다면—
이는 그러한 모순을 지닌 산수가 매우 훌륭한 기여를 할 수 있
을 것임을 증명할 뿐이다"(*BGM*, VII, §35). 모순이 그러한 것은
단지, 모순은 우리가 어떤 경험도 더럽히지 않을 "순수한" 수
학에 관심을 가지면서 산수를 그것의 적용에서 (따라서 그것
의 의미에서) 분리할 때 나타날 뿐이기 때문이다.

비트겐슈타인은 괴델을 알았는데, 그의 작업을 논리적 "요
술"(*BGM*, II, §22)로 간주하고 대수롭지 않게 여겼다. 그는 괴델
이 두 불완전성 정리27를 완성해 나가는 데서 중요하지만 모호

---

27 (옮긴이주) 페아노 공리계를 포함하는 어떤 공리계도 무모순적이면서 완
    전할 수 없다는 제1정리(이에 따르면, 자연수 체계를 포함하는 어떤 체계
    가 무모순적이라면, 그 체계에서는 참이면서도 증명할 수 없는 명제가 최
    소한 하나 존재한다)와 페아노 공리계가 포함된 어떤 공리계가 무모순적

한 역할을 했다(Goldstein, 2005, p. 89).

일 경우, 그 공리계로부터 그 공리계 자신의 무모순성을 도출할 수는 없다
는 제2정리를 말한다.

결론: 비트겐슈타인, 철학의 암살자?

> 만일 나의 이름이 앞으로 살아남는다면,
> 이는 단지 위대한 서양철학의 도달점으
> 로서일 뿐이다. 이를테면 알렉산드리아
> 도서관을 불태워 버린 사람의 이름처럼
> 말이다. (*DB*, p. 39)

들뢰즈는 그의 유명한 『A에서 Z까지』(*Abécédaire*)에서 문자 W에 도달하자 비트겐슈타인에 관해 다음과 같이 말한다:

> 그자들, 나는 그자들에 대해 말하고 싶지 않습니다. 나에
> 게 그것은 철학적 파국입니다. 그것은 학파의 전형 자체이
> 며, 철학 전체의 퇴보입니다. (⋯) 철학의 대대적인 퇴보 말

입니다. 그것이 매우 슬프게도 비트겐슈타인 사건입니다. 그들은 뭔가 새로운 것을 한다는 구실 아래 하나의 공포 체계를 배설했어요…. 그것은, 그것은 거대하게 건설된 빈곤입니다. (…) 이 위험을 기술하기 위한 말이 없습니다. 그것은 재출현하는 위험으로, 그것이 처음은 아닙니다. 그것은 특히 그들 비트겐슈타인 추종자들이 냉혹하기에 심각합니다. 게다가 그들은 모든 것을 깨부숩니다. 만일 그들이 승리하면, 철학은 암살될 것입니다. 그들은 철학의 암살자입니다.(Deleuze, 1988)

들뢰즈의 입장은 그가 비트겐슈타인 추종자들에 대해 말했고 아마 그가 읽지 않았을 비트겐슈타인에 대해 말한 것이 아니라고 정당하게 강조함으로써 미묘하게 표현될 수 있었다. 들뢰즈가 철학의 냉혹한 암살자들이라고 규정하는 것은 비트겐슈타인 추종자들이다. 그리고 우리는 케임브리지의 그 철학자가 자신의 자칭 제자들이 프로이트의 제자들과 마찬가지로 당파적이지 않을까 두려워했다는 것을 상기할 수 있다. 부브레스(들뢰즈의 눈으로 보면 그는 아마 비트겐슈타인 추종자일 것이다)는 비트겐슈타인의 철학적 실천이 철학에 대한 들뢰즈식의 정의에 얼마나 부합되는가를 강조한다:

만일 들뢰즈가 실제로 비트겐슈타인을 읽었다면, 게다가 적절한 시기에 읽었다면, 그는 의심의 여지 없이 깨달을 것이다. 즉 한편으로, 들뢰즈 자신의 평가 기준을 이용해 말하자면, 비트겐슈타인은 철학과 그 밖의 다른 곳 여기저기에서 이용되는 엄청난 수의 개념들을 창조했으며, 다른 한편으로 비트겐슈타인은 바로 들뢰즈가 내재성immanence의 철학, 즉 주체, 의미, 규칙, 논리적 필연성, 수학적 대상들 등에 대한 오만가지의 초재성transcendances에 대한 철저한 거부 위에 세워진 철학이라고 부르는 것 중 20세기 철학에서 발견할 수 있을 가장 전형적이고 가장 일관성 있는 예시들 가운데 하나를 제공했다는 것을 말이다.(Bouveresse, 1997b, pp. 36 ~37)

그렇다면 "개념들의 창조자 비트겐슈타인"과 자신의 유일한 사후 명성은 철학의 방화범이라는 명성일 것이라고 생각한 비트겐슈타인을 어떻게 조화시킬 것인가? 철학에 대한 비트겐슈타인의 이해를 그의 실제의 철학적 실천과 구별하는 것이 필요하다. 비트겐슈타인에 의하면, 철학은 새로운 개념들의 창조가 아니라, 순전히 기술적 성격의 활동이다.

철학은 정녕 모든 것을 단지 내놓을 뿐이고 아무것도 설명하고 추론하지 않는다.—모든 것이 숨김없이 드러나 있으므로, 설명할 것이 아무것도 없기도 하다. 왜냐하면 혹시 숨겨져 있는 것은 우리의 관심사가 아니기 때문이다. "철학"은 또한 모든 새로운 발견과 발명에 앞서 가능한 것이라고 일컬어질 수 있을 것이다. (*PU*, §126)

철학은 지혜의 탐구가 아니며, 신학의 시녀가 아니며, 제일 원리들의 학學이 아니며, 만학의 여왕도 아니다. 그것은 모든 것을 있는 그대로 놔두며, 아무것도 증명하지 않으며, 아무것도 설명하지 않으며, 아무것도 변화시키지 않으며, 아무것도 단언하지 않는다.

철학에서 논제들을 수립하고자 한다면, 그것들에 관해서는 결코 토론이 이루어질 수 없을 것이다. 왜냐하면 그것들에 대해서는 모두가 동의할 것이기 때문이다. (*PU*, §128)

그런데 비트겐슈타인의 철학적 실천은 철학에 대한 그의 이해—말할 수 없는 것에 관해 말하는 『논고』에서의 이해이건, 이의가 제기될 수 있고 또 제기되는 (예를 들면 심리학에 관한) 논제들을 포함하는 『탐구』에서의 이해이건 간에—와 끊임없이 충돌해 왔다. 그러므로 비트겐슈타인이 "가족 유사성", "삶의 형태", "언어놀이", 또는 "일목요연한 봄"과 같은 비트겐슈타인류의 개념적 도구들을 후세에 남긴 것은 철학에 대한 그의 고유한 시각과 모순된다. 이 모든 것은 물론 우리의 철학자를 철학에 대한 무지의 덕德의 한 예로 만든다(그는 "아리스토텔레스를 결코 한 번도 읽어 본 적이 없는 철학 교수"(Flowers, 1999, vol. 3, p. 241)라고 자기 자랑을 했다). 그러나 또한 비일관성의 한 예로도 만든다. 우리가 그의 반주지주의적인 입장과 그가 남긴 지적인 작품들 사이의 대조와 함께, 철학과 사회과학에서 그의 후예임을 표방하는 점점 더 그 수가 증가하는 저자들과 그의 저작들이 불러일으키는 수천 쪽의 반성을 고려한다면, 그의 경우는 더 흥미롭게 될 뿐이다. 우리는 알베르 오지엥의 질문을 우리의 질문으로 할 수 있다:

반주지주의의 학구적 반복이 모든 반주지주의적 발걸음의 운명인가? 수수께끼는 하나의 역설이 섞여 있는 만큼 더욱 더 당혹스럽다. 그것은 주지주의와 투쟁하는 두 가지 방식이 존재한다는 것이다: 일체의 논증적인 표현을 정식화하기를 거부하고 침묵 속에 소멸하든지, 서로 뒤쫓는 학구적 논쟁의 '링 위에서' 자신의 비판 능력을 나타내든지 하는 두 방식 말이다. 그리고 오직 첫 번째 방식만이 진정성이 있다고 보이는데, 왜냐하면 두 번째 방식을 정당화하려고 하자마자, 그 방식이 비난하는 바로 그 양식으로 그 일을 하는 것을 거부하기는 불합리하기 때문이다. 이 역설에 얼마간 관계되는 것이, '비트겐슈타인을 따르는' 철학자들을 현실적으로 다음과 같이 나누는 미결정성이다. 즉 한편으로는 그의 대단히 급진적인 논제들을 그 분야에 침투시키면서 그 분야의 실천을 수정하려고 하는 사람들과 다른 한편으로는 그가 일체의 이론화 의지를 포기하면서 추천한 반-이론주의 혹은 설명적 인색吝嗇을 존중하려고 애쓰는 사람들.(Ogien, 2007, 서론)

비트겐슈타인은 "허세bluff"의 차원, 게다가 학구적 삶에서 피하기 어려운 지적인 부정직성의 차원에 민감했다. 그는 자신의 일기에서 철학 교수의 잘 감춰진 비밀을 드러낸다. 즉, 자신이 이해하지 못하는 어떤 것을 그것이 명료해지기를 바라면서 이해하는 척하는 것 말이다(Klagge &Nordmann, 2003, p. 153). 이 "길잡이"[28]의 저자가 받은 허세의 유혹은 적어도 한 철학 교수의 그것만큼이나 크지만, 우리는 다음과 같은 일러두기와 함께 독자에게 작별을 고한다: 어떤 것도 한 철학자의 글들과의 개인적 접촉을 대체할 수는 없으며, 우리는 독자에게 이 어렵지만 열정적인 저작에 몰두하려는 욕망을 제공했기를 바란다.

---

28 (옮긴이주) 앞의 옮긴이주 2 참조.

그리고 비트겐슈타인의 제자가 되는 것은 비트겐슈타인에게 잘못 감사하는 것이리라는 점을 독자가 잊지 않기를 바란다.

참고 문헌

1. 비트겐슈타인의 글들에 대한 약호

BGB   "Bemerkungen über Frasers *Golden Bough* / *RO*
        "*R*emarques sur *Le Rameau d'or* de Frazer".

BGM *Bemerkungen über die Grundlagen der Mathematik* /
        RFM Remarques sur les fondements des mathématiques.

CV   *Vermischte Bemerkungen* / *RM Remarques mêlées.*

DB   *Denkbewegungen: Tagebücher 1930–1932, 1936–1937* /
        CCS Carnets de Cambridge et de Skjolden.

G   *Über Gewissheit* / *DLC De la certitude.*

LC   *Lectures and Conversations on Aesthetics, Psychology
        and Religious Belief* / *LC Leçons et conversations.*

LE   "A Lecture on Ethics" / *LE "Leçons sur l'esthétique".*

NB   *Notebooks 1914–1916* / *C Carnets 1914–1916.*

PG   *Philosophische Grammatik* / *GP Grammaire philosophique.*

PU   *Philosophische Untersuchngen* / *RP Recherches*

philosophiques.

TLP Tractatus logico-philosophicus.

Z Zettel / F Fiches.

2. 비트겐슈타인의 저작

[1921], *Tractatus logico-philosophicus(TLP),* trad. fr. Gilles-Gaston Granger, Gallimard, [NRF/Bibliothèque de philosophie], Paris, 1993. / 『논리-철학 논고』, 이영철 역, 책세상, 2006

[1929], "Some remarks on logical form", *Proceedings of the Aristotelian Society,* supplementary volumes, vol. 9, p. 162-171, trad. fr. Élisabeth Rigal, *Quelques remarques sur la forme logique,* T.E.R, Mauvezin, 1985. / "논리적 형식에 관한 몇 가지 소견", 『소품집』, 이영철 편역, 책세상, 2006, pp. 13-22

[1953], *Philosophische Untersuchungen,* trad. fr. Françoise Dastur, Maurice Élie, Jean-Luc Gautero, Dominique Janicaud et Élisabeth Rigal, *Recherches philosophiques (RP),* Gallimard, [Tel], Paris, 2005. / 『철학적 탐구』, 이영철 역, 책세상, 2006

[1956], *Bemerkungen über die Grundlagen der Mathematik,* trad. fr. Marie-Anne Lescourret, *Remarques sur les fondements des mathématiques (RFM),* Gallimard, [NRF/Bibliothèque de philosophie], Paris, 1983. /『수학의 기초에 관한 고찰』, 박정일 역, 서광사, 1997(BGM 2판의 번역)

[1958], *The Blue and Brown Books*, trad. fr. Marc Goldberg et Jérôme Sackur, *Le Cahier bleu et le Cahier brun*, Gallimard, [Tel], Paris, 1996. /『청색 책, 갈색 책』, 이영철 역, 책세상, 2006

[1961], *Notebooks 1914-1916*, trad. fr. Gilles-Gaston Granger, *Carnets 1914-1916* (C), Gallimard, [Tel], Paris, 1971. /『철학 일기』, 변영진 역, 책세상, 2015

[1964], *Philosophische Bemerkungen*, trad. fr. Jacques Fauve, *Remarques philosophiques*, Gallimard, [NRF], Paris, 1975.

[1966], *Lectures and Conversations. On Aesthetics, Psychology and Religious Belief*, trad. fr. Jacques Fauve, *Leçons et conversations (LC)*, Gallimard, Paris, 1971. /『미학·종교적 믿음·의지의 자유 및 프로이트에 관한 강의와 대화』, 이영철 편역, 필로소픽, 2016

[1967], "Bemerkungen über Frazers *The Golden Bough*", trad. fr. Jean Lacoste, "Remarques sur *Le Rameau d'or* de Frazer" (RO), *Actes de la recherche en sciences sociales*, vol. 16, no 1, septembre 1977, p. 35-42. /"프레이저의『황금가지』에 관한 소견들",『소품집』, 이영철 편역, 책세상, 2006, pp. 37-64

[1967], *Zettel*, trad. fr. Élisabeth Rigal et Jean-Pierre Cometti, *Fiches* (F), Gallimard, [NRF/Bibliothèque de philosophie], Paris, 2008. /『쪽지』, 이영철 역, 책세상, 2006

[1969], *Philosophische Grammatik*, trad. fr. Marie-Anne

Lescourret, *Grammaire philosophique (GP)*, Gallimard, Paris, 1980.

[1976], *Wittgenstein's Lectures on the Foundations of Mathematics, Cambridge, 1939*, The University of Chicago Press, Chicago. / 『비트겐슈타인의 수학의 기초에 관한 강의』, 박정일 역, 사피엔스21

[1977], *Bemerkungen über die Farben*, trad. fr. Gérard Granel, *Remarques sur les couleurs*, T.E.R bilingue, Mauvezin, 1989. / 『색채에 관한 소견들』, 이영철 역, 필로소픽, 2019

[1977], *Vermischte Bemerkungen*, trad. fr. jean-Pierre Cometti, *Remarques mêlées* (RM), Hamamarion, [Garnier-Flammarion], Paris, 2002. / 『문화와 가치』, 이영철 역, 책세상, 2006

[1979], *Wittgenstein's Lectures, Cambridge, 1932-1935*, Prometheus Books, [Great Books in Philosophy], New York, 1982.

[1980], *Cambridge Lectures 1930-1932*, trad. fr. Élisabeth Rigal, *Les Cours de Cambridge, 1930-1932*, T.E.R, Mauvezin, 1988.

[1980], *Bemerkungen über die Philosophie der Psychologie*, trad. fr. Gérard Granel, *Remarques sur la philosophie de la psychologie*, T.E.R bilingue, Paris, 1989. / 『심리철학적 소견들』 1·2, 이기흥 역, 아카넷, 2013

[1984], *Über Gewissheit*, trad. fr. Jacques Fauve, *De la certitude (DLC)*, Gallimard, [Tel], Paris, 1987. / 『확실성에 관하여』,

이영철 역, 책세상, 2006

[1999], *Denkbewegungen / Carnets de Cambridge et de Skjolden 1930-1932, 1936-1937* (CCS), trad. fr. jean-Pierre Cometti, PUF, Paris. / 『비트겐슈타인의 1930년대 일기』, 하상필 역, 필로 소픽, 2016

[2000], *Wittgenstein's Nachlass* [CD-ROM], The Bergen Electronic Edition, Oxford University Press, Oxford.

3. 일반 참고 문헌

Anscombe G. E. M. (1981), "Wittgenstein: un philosophe pour qui?", *Philosophie,* décembre 2002, n° 76, p. 3-14.

Arrington R. et Addis M. (2001), *Wittgenstein and Philosophy of Religion,* Routledge, Londres/New York.

Baker G. (1988), *Wittgenstein, Frege, and the Vienna Circle,* Blackwell, Oxford/New York.

Baker G. et Hacker p. (2005), *Wittgenstein. Understanding and Meaning. An Analytical Commentary on the Philosophical Investigations,* vol. 1, Blackwell, Oxford.

Bartley W. W. (1973), *Wittgenstein,* J. B. Lippincott Co, New York.

Benmakhlouf A. (1998), *Bertrand Russell. L'atomisme logique,* PUF, Paris.

Biletzki, A. (2003), *Overinterpreting Wittgenstein,* Kluwer Academie Publishers, Dordrecht/Boston.

Biletzki, A. et Matar A. (2014), "Ludwig Wittgenstein,,, *Stanford Encyclopedia of Philosophy,* http://plato.stanford.edu/entries/wittgenstein/ (version consultée le 12 janvier 2016).

Bloor D. (1983), *Wittgenstein. A Social Theory of Knowledge,* Columbia University Press, New York.

Bourdieu P. (1980), *Le Sens pratique,* Minuit, Paris.

— (1997), *Méditations pascaliennes,* Seuil, Paris.

— (2002), "Wittgenstein, le sociologisme et la science sociale,,, *in* Bouveresse J., Laugier S. et Rosat J.-J., *Wittgenstein, dernières pensées,* Agone, Marseille.

Bouveresse J. (1973), *Wittgenstein : la rime et la raison. Science, éthique et esthétique,* Minuit, Paris.

— (1976), *Le Mythe de l'intériorité. Expérience, signification et langage privé chez Wittgenstein,* Minuit, Paris.

— (1977), "L'animal cérémoniel: Wittgenstein et l'anthropologie", *Actes de la recherche en sciences sociales,* vol. 16, no 1, septembre, p. 43-54.

— (1984), *Le Philosophe chez les autophages,* Minuit, Paris.

— (1987), *La Force de la règle. Wittgenstein et l'invention de la nécessité,* Minuit, Paris.

— (1988), *Le Pays des possibles. Wittgenstein, les mathématiques et le monde réel,* Minuit, Paris.

— (1991), *Philosophie, mythologie et pseudoscience. Wittgenstein lecteur de Freud,* L'Éclat, Paris.

— (1997a), *Dire et ne rien dire. L'illogisme, l'impossibilité et le non-sens,* Éditions Jacqueline Chambon, Nîmes.

— (1997b), "Wittgenstein existet-il?", *Magazine littéraire,* no 352, mars, p. 34-37.

— (2000), *Essais I. Wittgenstein, la modernité, le progrès et le déclin,* Agone, Marseille.

— (2003), *Essais III. Wittgenstein et les sortilèges du langage,* Agone, Marseille.

Bouveresse J ., Laugier S. et Rosat J.-J. (2002), *Wittgenstein, dernières pensées,* Agone, « Banc d'essais», Marseille.

Brenner W. (1991), "Chesterton, Wittgenstein, and the foundations of ethics", *Philosophical Investigations,* vol. 14, n° 4, p. 311-323.

Camus A. (1947), *La Peste,* Gallimard, Paris, 2008.

Candlish S. et Wrisley G. (2014), "Private language", *Stanford Encyclopedia of Philosophy,* http:/ /plato.stanford.edu/entries/private-language (version consultée le 2 septembre 2014).

Carnap R. (1963), *The Philosophy of Rudolf Carnap,* Open Court, La Salle.

Cavell S. (1979), *The Claim of Reason. Wittgenstein, Skepticism, Morality, and Tragedy,* Oxford University Press,

New York/Londres; trad. fr. *Les Voix de la raison,* Seuil, Paris, 1996.

Chatterjee R. (2005), *Wittgenstein and Judaism. A Triumph of Concealment,* Peter Lang Publishing, Berne.

ChauvirÉ C. (2003), *Voir le visible. La seconde philosophie de Wittgenstein,* PUF, Paris.

— (2004), *Le Moment anthropologique Wittgenstein,* Kimé, Paris.

— (2009), *L'Immanence de l'ego. Sujet et subjectivité chez Wittgenstein,* PUF, Paris.

ChauvirÉ C. et Sackurj. (2003), *Le Vocabulaire de Wittgenstein,* Ellipse, Paris.

Chesterton G. (1908), *Orthodoxie,* Flammarion, Paris, 2010.

ClÉment F. (1996), "Une nouvelle 'forme de vie' pour les sciences sociales", *Revue européenne des sciences sociales,* vol. XXXIV, n° 106, p. 155-168.

Coates J. (1996), *The Claim of Common Sense. Moore, Wittgenstein, Keynes and the Social Sciences,* Cambridge University Press, Cambridge.

Cometti J.-P. (1996), *Philosopher avec Wittgenstein,* PUF, Paris.

— (1998), *La Maison de Wittgenstein,* PUF, Paris.

— (2004), *Ludwig Wittgenstein et la philosophie de la psychologie,* PUF, Paris.

Cornish K. (1998), *The Jew of Linz. Wittgenstein, Hitler and their Secret Battle for the Mind,* Century Books, Londres ; trad. fr. *Wittgenstein contre Hitler. Le Juif de Linz,* PUF, Paris, 1998.

Cray A. et Read R. (2000), *The New Wittgenstein,* Routledge, Londres.

Danford J. (1978), *Wittgenstein and Political Philosophy. A Reexamination of the Foundation of Social Science,* The University of Chicago Press, Chicago.

Das V. (1998), "Wittgenstein and anthropology", *Annual Reviews of Anthropology,* vol. 27, p. 171-195.

Davis J. (1994), *Keynes's Philosophical Development,* Cambridge University Press, New York.

Deleuze G. (1988), *L'Abécédaire de Gilles Deleuze* [DVD], Éditions Montparnasse, Paris, 2004.

De Pellegrin e. (2011), *Interactive Wittgenstein. Essays in Memory of Georg Henrik von Wright,* Springer, Londres/New York.

DesCombes V. (1995), *La Denrée mentale,* Minuit, Paris.

Diamond C. (1995), *L'Esprit réaliste. Wittgenstein et la philoso-phie de l'esprit,* PUF, Paris, 2004.

Dummett M. (1991), *Frege Philosophy of Mathematics,* Duckworth, Londres.

Edmonds D. et EidinoW j. (2002), *Wittgenstein's Poker. The*

Story of a Ten-Minute Argument Between Two Great Philosophers, Harper, New York.

Épictète (125), *Manuel d'Épictète,* Flammarion, Paris, 1990 (1re traduction 1567).

Favereau O. (1985), "L'incertain dans la 'révolution keynésienne'. L'hypothèse Wittgenstein" *Économies et sociétés,* série "PE (OEconomia)" n° 3, p. 29-72.

— (2005), "Quand les parallèles se rencontrent. Keynes et Wittgenstein, l'économie et la philosophie", *Revue de métaphysique et de morale,* mai, p. 403-427.

Flowers F. A. (1999), *Portraits of Wittgenstein,* Thoemmes Press, Sterling, vol. 1-4.

Fogelin R. (1987), *Wittgenstein,* Routledge, New York, 1995.

Frascolla P. (1994), *Wittgenstein's Philosophy of Mathematics,* Routledge, New York.

Frazer j. G. (1890), *The Golden Bough. A Study of Magic and Religion,* The Floating Press, Auckland, 2009 ; trad. fr. *Le Rameau d'or,* Robert Laffont, Paris, 1983, vol. 1-4.

Frege G. (1879), *Idéographie,* Vrin, Paris, 1999.

Friedlander E. (2001), *Signs of Sense. Reading Wittgenstein's* Tractatus, Harvard University Press, Cambridge.

Gellner E. (1959), *Words and Things. A Critical Account of Linguistic Philosophy and a Study in Ideology,* Victor Gollancz, Londres.

— (1998), *Language and Solitude. Wittgenstein, Malinowski and the Habsburg Dilemma,* Cambridge University Press, Cambridge.

Glock H.-J. (1996), *A Wittgenstein Dictionary,* Wiley-Blackwell, Oxford; trad. fr. *Dictionnaire Wittgenstein,* Gallimard, Paris, 2003.

— (2004), "Was Wittgenstein an analytic philosopher?", *Metaphilosophy,* vol. 35, no 4, juillet, p. 419-444.

Goldstein R. (2005), *Incompleteness. The Proof and Paradox of Kurt Godel,* W. W Norton & Company, Londres/New York.

Goodman R. (2002), *Wittgenstein and William James,* Cambridge University Press, Cambridge.

Hacker P. (1996), *Wittgenstein's Position in Twentieth Century Analytic Philosophy,* WileyBlackwell, Oxford.

— (2003), "Wittgenstein, Carnap and the new American Wittgensteinians", *The Philosophical Quarterly,* vol. 53, n° 210, janvier.

Hadot P. (2004), *Wittgenstein et les limites du langage,* Vrin, Paris.

Hampshire S. (1991), "A wonderful life", *The New York Review,* 31 janvier.

Hintikka). et Hintikka M. (1986), *Investigating Wittgenstein,* Basil Blackwell, New York; trad. fr. *Investigations sur Wittgenstein,* Mardaga, Liège, 1995.

James W. (1902), *Les Formes multiples de l'expérience religieuse. Essai de psychologie descriptive,* Exergue, Paris, 2001.

Janik A. (2001), *Wittgenstein's Vienna Revisited,* Transaction Publishers, New Brunswick.

Janik A. et Toulmin S. (1973), *Wittgenstein's Vienna,* Simon and Schuster, New York.

Jarman D. (1994), *Wittgenstein* [DVD], Zeitgeist Films, 2008.

Kallenberg B. (2001), *Ethics as Grammar. Changing the Postmodern Subject,* University of Notre Dame Press, Notre Dame.

Kenny A. (1973), *Wittgenstein,* Harvard University Press, Cambridge.

— (1984), *The Legacy of Wittgenstein,* Wiley-Blackwell, Oxford.

Keynes, M. (1931), *Essais de persuasion,* Gallimard, Paris, 1933.

— (1936), *Théorie générale de l'emploi, de l'intérêt et de la monnaie,* Payot, Paris, 1942.

Kierkegaard S. (1846), *Post-Scriptum aux miettes philoso-phiques,* Gallimard, Paris, 2002.

Kitching G. et Pleasants N. (2002), *Marx and Wittgenstein. Knowledge, Morality and Politics,* Routledge, New York.

Klagge J. C. (2001), *Wittgenstein. Biography and Philosophy,*

Cambridge University Press, Cambridge.

Klagge J. et Nordmann A. (dir.) (2003), *Ludwig Wittgenstein, Public and Private Occasions,* Rowman & Littlefield Publishers, Oxford.

Kripke S. (1982), *Wittgenstein on Rules and Private Language. An Elementary Exposition,* Harvard University Press, Cambridge; trad. fr. *Règles et langage privé. Introduction au paradoxe de Wittgenstein,* Seuil, Paris, 1996.

Kuusela O. (2008), *The Struggle Against Dogmatism. Wittgenstein and the Concept of Philosophy,* Harvard University Press, Cambridge.

Langlois L. et Narbonne J,-M. (dir.) (1999), *La Métaphysique. Son histoire, sa critique, ses enjeux,* Vrin/Les Presses de l'université de Laval, Paris/Québec.

Laugier S. (2006), "La réception française de Wittgenstein: deux exemples", *Revue Austriaca,* no 63, décembre.

— (2009), *Wittgenstein. Les sens de l'usage,* Vrin, Paris.

— (2010), *Wittgenstein. Le mythe de l'inexpressivité,* Vrin, Paris.

Laugier S. et Rosat J.-J. (2002), *Wittgenstein, dernières pen-sées,* Agone, Marseille.

Lavery M. et Read R. (2011), *Beyond The* Tractatus *Wars. The New Wittgenstein Debate,* Routledge, New York.

Lavialle C. (2001), "L'épistémologie de Keynes et !'"hypothèse

Wittgenstein". La cohérence logique de la *Théorie générale de l'emploi, de l'intérêt et de la monnaie,,, Cahiers d'économie politique,* n° 38, p. 25-64.

Lazenby M. (2006), *The Early Wittgenstein on Religion,* Continuum, Londres.

Le Du M. (2004), *La Nature sociale de l'esprit. Wittgenstein, la psychologie et les sciences humaines,* Vrin, Paris.

Lemco I. (2006), " Wittgenstein's aeronautical investigation", *Notes & Records of the Royal Society,* no 61, p. 39-51.

Luckhardt C. (1979), *Wittgenstein. Sources and Perspectives,* Cornell University Press, Ithaca.

Lurie Y. (1989), "Jews as a metaphysical species", *Philosophy,* no 64, p. 323-47.

Lyotard J. -F. (1979), *La Condition postmoderne. Rapport sur le savoir,* Minuit, Paris.

Malcolm N. (2001), *Ludwig Wittgenstein, a Memoir,* Clarendon Press/Oxford University Press, Oxford/New York.

Malcolm N. et Winch P. (1997), *Wittgenstein. A Religious Point of View?* Routledge, Londres.

Marion M. (2004), *Ludwig Wittgenstein. Introduction au* Tractatus logico-philosophicus, PUF, Paris.

— (2005), "Sraffa and Wittgenstein. Physicalism and constructivism", *Review of Political Economy,* vol. 17, no 3, p. 381-406.

McGinn M. (2006), *Elucidating the* Tractatus, Clarendon
Press/Oxford University Press, Oxford/New York.

McGuinness B. (1988), *Wittgenstein, a Life. Young Ludwig
(1889-1921),* Clarendon Press/Oxford University Press,
Oxford/New York; trad. fr. *Wittgenstein,* vol. 1. *Les années
de jeunesse, 1889-1921,* Seuil, Paris, 1991.

— (2002), *Approaches to Wittgenstein. Collected Papers,*
Routledge, New York.

— (2008), *Wittgenstein in Cambridge. Letters and Documents,
1911-1951,* Blackwell, Oxford.

McManus D. (2006), *The Enchantment of Words. Wittgenstein's*
Tractatus Logico-Philosophicus, Oxford University Press,
Oxford.

Monk R. (1990), *Ludwig Wittgenstein. The Duty of Genius,* Free
Press, Maxwell Macmillan International, New York; trad. fr.
Wittgenstein. Le devoir de génie, Flammarion, Paris, 2009.

— (2005), *How to Read Wittgenstein,* Granta Books, Londres.

Moore G. E. (1903), *Principia Ethica,* Cambridge University
Press, Cambridge, 2002.

— (1903), "The refutation of idealism", *Mind,* New Series, vol.
12, n° 48, octobre, p. 433-453.

— (1939), "Proof of an externat world", *Philosophical Papers,*
Routledge, Londres, 2014.

Moyal-Sharrock D. (2004), *The Third Wittgenstein. The*

PostInvestigations Works, Ashgate, Londres.

Nieli R. (1987), *Wittgenstein. From Mysticism to Ordinary Language. A Study of Viennese Positivism and the Thought of Ludwig Wittgenstein,* State University of New York Press, New York.

Nielsen K. et Phillips D. Z. (2005), *Wittgenstein's Fideism?* SCM Press, Londres.

Ogien A. (2007), *Les Formes sociales de la pensée. La sociologie après Wittgenstein,* Armand Colin, Paris.

Ouelbani M. (2006), *Le Cercle de Vienne,* PUF, Paris.

Pears D. (1986), *Ludwig Wittgenstein,* Harvard University Press, Cambridge.

Phillips D. Z. (1993), *Wittgenstein and Religion,* Palgrave Macmillan, Londres.

Pihlstrom S. (2006), *Wittgenstein and the Method of Philosophy,* Societas Philosophica Fennica, Helsinki.

Plaud S. (2009), *Wittgenstein,* Ellipses, Paris.

Popper K. (1945), *La Société Ouverte et ses ennemis,* vol. 1-2, Seuil, Paris, 1979.

— (1974), *Unended Quest. An Intellectual Biography,* Open Court Publishing Co., La Salle, 2002; trad. fr. *La QJJête inachevée,* Calmann-Lévy, Paris, 2012.

— (1994), *In Search of a Better World. Lectures and Essays from Thirty Years,* Routledge, New York, 2012; trad. fr. *À la recherche d'un monde meilleur. Essais et conférences,* Les Belles Lettres, Paris.

Putnam H. (1981), *Reason, Truth and History,* Cambridge University Press, Cambridge.

Renan E. (1893), *Histoire du peuple d'Israël,* Calmann-Lévy, Paris, 1953.

Richter O. (2001), "Missing the entire point: Wittgenstein and religion", *Religious Studies,* n° 37, p. 161-175.

— (2004a), *Wittgenstein at his Word,* Continuum, Londres.

— (2004b), *The A to Z of Wittgenstein's Philosophy,* The Scarecrow Press, Plymouth.

— (2009) *Wittgenstein's* Tractatus. *A Student's Edition,* non publié, disponible en ligne sous forme de "draft", www.academia.edu/6962427/Wittgensteins_Tractatus_A_Students_Edition (page consultée le 25 janvier 2015).

Russell B. (1903), *Principles of Mathematics,* Routledge, New York, 2010.

— (1918), *The Philosophy of Logical Atomism,* Routledge, New York, 2010.

— (1919), *Introduction à la philosophie mathématique,* Payot, Paris, 1991.

— (1959), *My Philosophical Development,* Simon and Schuster, New York.

Russell B. et Whitehead A. (1913), *Principia Mathematica,* vol.

1-3, Cambridge University Press, Cambridge, 1927.

Salgues C. (2008), "Un nouveau Wittgenstein encore inapprochable. Le rôle et la place du philosophe dans l'anthropologie", *L'Homme,* vol. 3, no 187-188, p. 201-222.

Scheman N. et O'Connor P. (2002), *Feminist Interpretations of Ludwig Wittgenstein,* The Penn State University Press, University Park.

Schmitz F. (1996), *Wittgenstein, la philosophie et les mathématiques,* PUF, Paris.

Schonbaumsfeld G. (2007), *A Confusion of the Spheres. Kierkegaard and Wittgenstein on Philosophy and Religion,* Oxford University Press, Oxford.

Schopenhauer A. (1818), *Le Monde comme volonté et comme représentation,* tome 2, Librairie Félix Alcan, Paris, 1913.

Schulte J. (1992), *Wittgenstein, an Introduction,* State University of New York Press, New York.

Sen A. (2003), " Sraffa, Wittgenstein, and Gramsci", *Journal of Economie Literature,* vol. 41, no 4, p. 1240-1255.

Somavilla 1. (dir.) (2010), *Ludwig Wittgenstein, Paul Engelmann. Lettres, rencontres, souvenirs,* L'Éclat, Paris.

Soulez A. (dir.) (1985), *Manifeste du Cercle de Vienne et autres écrits,* PUF, Paris.

Soulez A. (2004), *Wittgenstein et le tournant grammatical,* PUF, Paris.

— (2012), *Au fil du motif. Autour de Wittgenstein et la musique,* Delatour France, Paris.

Soulez A. et Sebestik J. (dir.) (2003), *Wittgenstein et la philosophie aujourd'hui,* L'Harmattan, Paris.

Stern D. et Sluga H. (1996), *The Cambridge Companion to Wittgenstein,* Cambridge University Press, Cambridge/New York.

Stern D. et Szabados B. (2004), *Wittgenstein Reads Weininger,* Cambridge University Press, Cambridge/New York.

Sullivan P. et Potter M. (dir.), *Wittgenstein's* Tractatus. *History and Interpretation,* Oxford University Press, Oxford.

Szabados B. (1999), "Was Wittgenstein an anti-semite? The significance of anti-semitism for Wittgenstein's philosophy", *Canadian Journal of Philosophy,* no 29, p. 1-28.

Tolstoï L. (1896), *Abrégé de l'Évangile,* Klincksieck, Paris, 1969.

Tranøy K. (1973), "Ethics as a condition of the world (a topic from Wittgenstein)", *Norsk Filosofisk Tidsskrift,* no 2, p. 117-132.

Tyler P. (2011), *Return to the Mystical. Ludwig Wittgenstein, Teresa of Avila and the Christian Mystical Tradition,* Continuum, Londres/New York.

Waugh A. (2008), *The House of Wittgenstein. A Family at War,* Bloomsbury, Londres; trad. fr. *Les Wittgenstein. Une famille en guerre,* Perrin, Paris, 2011.

Weininger O. (1903), *Sexe et caractère,* L'age d'homme, Lausanne, 1975.

White R. (2006), *Wittgenstein's* Tractatus Logico-Philosophicus, Continuum, Londres.

Winch P. (1958), *L'Idée d'une science sociale et sa relation à la philosophie,* Gallimard, Paris, 2009.

비트겐슈타인 입문

2024년 4월 20일 초판 1쇄 인쇄
2024년 4월 25일 초판 1쇄 발행

지은이　롤라 유네스
옮긴이　이영철
발행인　류현석

발행처　21세기문화원
등　록　2000.3.9 제2000-000018호
주　소　서울 성북구 북악산로1가길 10
전　화　923-8611
팩　스　923-8622
이메일　21_book@naver.com

ISBN 979-11-92533-12-4 03160

값 17,000원